성도가 꼭 알아야 할

언약

KB192083

성도가 꼭 알아야 할

언약

하나님과 친교의 삶을
누리는 길

도지원 지음

아가페

추천의 글

66권 1,189장이나 되는 방대한 성경을 일맥상통하게 읽거나 정리하는 일은 무척이나 난해한 일일 것이다. 일반 신자들이 성경을 여러 차례 읽는다고 해도 전체 흐름이나 단서가 되는 주제를 잡기는 쉽지 않다. 사실 성경을 전문적으로 연구하는 학자들 간에도 성경의 중심 주제 혹은 메시지가 무엇인지에 대해 논쟁이 많다. 어떤 이들은 구속사를 말하고, 어떤 이들은 하나님나라를 이야기하고, 또 많은 이들이 언약(covenant)을 말한다.

우리가 성경을 구약(Old Testament)과 신약(New Testament)으로 양분하는 것만 주목해 보더라도, 성경은 언약의 책임을 쉽게 알아차릴 수 있다. 그러나 성경을 관통하고 있는 언약 사상은 복잡다단하기 때문에, 언약에 대해 잘 정리된 입문서를 참조하지 않는다면 성경의 맥락을 잘 따라갈 수가 없다.

시중에는 다양한 언약신학 책이 출간되어 있지만, 신자들의 눈높이에 맞으면서도 핵심 내용을 다 담아낸 입문서를 찾기가 쉽지 않다. 이번에 도지원 목사님이 집필한 『성도가 꼭 알아야 할 언약』은 성경 중심적이면서도, 성경을 읽는 어떤 독자도 잘 읽어낼 수 있는 안내서 역할을 한다. 도 목사님은 본서에서 언약의 요소, 통일성, 조건성과 무조건성, 그리고 언약의 핵심이라 할 하나님의 헤세드(인자), 언약 백성들의 합당한 반응인 경외와 감사에 대해 잘 정리해 주고 있다. 또 성경에 소개된 여러 종류의 언약에 대해서도 잘 소개해 준다. 본서는 성경에 근거한 언약신학이기에, 성경을 잘 읽고 이해하기를 소망하는 모든 그리스도인이 정독해 볼 만한 가치가 있다고 생각하여 적극 권독하는 바다.

_ 이상웅(총신대학교 신학대학원 조직신학 교수)

도지원 목사님의 『성도가 꼭 알아야 할 언약』은 성경이 가르치는 언약을 성경 안에서 탐구한다. 430회 이상 인용되는 성경 구절은 언약이 무엇인지 명확하게 제시한다. '사람 편에서 계명을 지키는 것과 하나님 편에서 인자하심을 베푸시는 것'을 핵심으로 하는 언약의 개념은 성경 전체를 이해하도록 돕는다. 독자로 하여금 성경이 말하는 언약을 성경 안에서 발견하도록 독려하는 이 책에는 몇 가지 중요한 장점이 있다.

첫째, 성경의 언약과 신자의 삶을 직접적으로 연결해 준다. 특히 "언약과 경외"(5장), "언약과 감사"(7장), 그리고 "언약과 안식일"(11장) 등은 하나님과 언약 관계를 맺은 신자와 신자 공동체가 어떻게 살아가는지에 관해 구체적으로 예시해 주고 있다. 또 각 장의 끝에 제시된 '핵심 질문'은 텍스트와 삶의 현장을 연결 짓는 데 중요한 역할을 한다. '언약'을 조직신학의 논제로만 다루는 연구서들과 차별화하는 좋은 특징이다.

둘째, 언약에 관한 성경의 가르침에서 건전하고 균형 잡힌 교리적 진술을 자연스럽게 이끌어낸다. 본서의 성경적 논리를 따라가다 보면 언약의 조건성과 무조건성, 율법과 복음, 옛 언약과 새 언약, 첫 번째 아담과 마지막 아담, 칭의와 성화, 율법의 제3용법 등에 관한 신학적 주제를 자연스럽게 이해할 수 있다. 특히 본서는 율법주의나 율법폐기론의 오류 가운데서 어느 한쪽으로 치우치지 않고 올바른 균형점을 발견할 수 있는 분별력을 신자에게 제공한다.

셋째, 성경 전체의 언약이 예수 그리스도를 지향하고 있으며, 모든 언약의 목적이 그리스도를 통해 성취되었음을 구체적으로 설득력 있게 제시한다(12장). 언약과 관련한 성경의 방대한 내용이 예수 그리스도를 뼈대로 매우 일관성 있는 스토리로 정리된다.

이 책을 읽는 독자들은 성경의 언약을 직접 맛보아 알고, 그것을 '삶을 위한 교리'로서 신앙 지성과 가슴에 깊이 새길 수 있을 것이다. 또 언약 공동체의 특권과 의무에 대한 바른 인식과 하나님이 언약 백성에게 주시는 소명으로 무장할 수 있으리라 믿는다.

모쪼록 이 책을 읽는 독자들의 삶에 성경의 언약이 깊이 침투하길 소원한다. 그리하여 자신의 삶으로 들어온 언약을 진실하게 증거할 수 있는 신자가 한국 교회 안에 더욱 많아지기를 간절히 기원한다.

_ 안상혁(합동신학대학원대학교 역사신학 교수)

새 언약을 맺으신 예수님! 이 책은 기독교의 핵심을 풀이했다. 저자는 구약성경에서 여호와께서 솔로몬에게 하신 말씀을 통해 언약의 요소를 깨닫고, 그 언약의 요소가 시대의 변화에도 불구하고 어떻게 연속성과 통일성을 유지해 왔는지 보여준다. 그리하여 모든 기독교인이 하나님의 뜻에 따라 그리스도께서 세우신 새 언약에 참여하겠다는 각오와 다짐을 하게 한다. 불순종하면서 거의 이교도와 다를 바 없이 살아가는 인생들을 새 언약으로 묶어주신 것은 은혜가 아니면 설명이 불가능하다. 새 언약에 속한 성도이자 성령이 임재하며 주관하는 믿음의 사람이라면 어떻게 살아야 하는지 이 책에서 터득하게 될 것이다.

특히 성경에서 구속 계시의 통일된 점진적 구조로서 언약을 이해했던 청교도들처럼 구속 언약, 행위 언약, 은혜 언약으로 구분한 것은 이 책의 장점이라고 할 수 있다. 이에 대한 현대 신학자들의 논의가 많아서 복잡해졌지만, 이 책을 통해 언약의 기본적인 구조를 파악할 수 있기를 소망한다. 이 책의 저자가 터득한 부분을 독자들이 수용한다면, 삶 속에서 구원의 감격과 기쁨이 넘치리라 확신한다.

_ 김재성(전 국제신학대학원대학교 부총장, 조직신학 교수)

언약은 교회와 성도의 신앙과 삶에 본질적인 요소다. 언약은 하나님과 그분의 백성이 맺은 긴밀한 사랑과 헌신의 상호관계를 가리킨다. 언약을 떠나서는 하나님을 바르게 이해할 수 없으며, 하나님 앞에서 살아가는 성도의 실존을 제대로 설명할 수 없다. 어떤 사람은 언약을 '주권적으로 시행되는 피의 약정'이라고 설명한다. '피의 약정'이라는 말이 함의하듯, 언약은 생명을 담보로 하는 엄중한 관계다. 언약의 규약에 충실하면 생명의 축복을 누리나, 그렇지 못하면 정반대의 결과를 얻게 된다. 한마디로 언약은 생명과 사망을 결정한다.

그러나 이것이 전부는 아니다. '주권적으로 시행되는'이라는 말에 더 주의를 기울여야 한다. 언약은 인간이 주도적으로 하나님과 맺는 관계가 아니며, 인간이 하나님과 동등한 위치에서 맺는 관계도 아니다. 그것은 하나님이 주권적으로 택하신 백성과 더불어 맺으시는 관계다. 바로 여기서 언제나 배신과 반역으로 기우는 인간의 한계에 갇히지 않고, 오히려 그것을 돌파해 마침내 생명의 축복을 결실로 맺는 언약의 놀라운 힘과 강력한 효력을 발견한다.

언약 관계 안에서 하나님은 세상 만민들 가운데 특별히 자신의 기업으로 택하신 백성을 사랑하실 의무를 짊어지신다(신 7:6-8 참조). 동시에 백성은 하나님께 배타적 충성을 바칠 의무 곧 "마음을 다하고 뜻을 다하고 힘을 다하여"(신 6:5) 하나님을 사랑할 의무를 짊어진다. 하나님과 그 백성 사이에 존재하는 이 놀라운 사랑의 관계를 일컬어 '언약적 사랑'(히브리어로 '헤세드')이라 부른다. 세상에 그 어떤 것도 이 사랑을 막거나 끊을 수 없다(시 73:25; 호 11:8; 롬 8:38-39 참조). 그러므로 성도가 신앙생활을 의미 있고 풍성하게 하려면 언약을 알아야 한다. 언약을 알지 못하면 성경이 계시하는 바를 일관성 있게 이해할 수 없을 뿐 아니라 하나님과 함께하는 삶의 더 넓은 세계로 결코 들어갈 수 없다.

이런 이유로 도지원 목사님의 책『성도가 꼭 알아야 할 언약』은 교회와 성도에게 매우 값지고 보배로운 선물이다. 이 책의 장점은 언약의 의미를 이론적으로 설명하는 데 머물지 않고, 독자들의 관심을 끊임없이 성경본문으로 향하게 한다는 것이다. 독자들은 이 귀한 책에서 언약에 관한 성경의 가르침을 있는 그대로 배울 수 있다. 친절하게도 각 장 말미에 질문거리를 제공함으로써 독자들이 중요한 내용을 반추할 수 있게 해준다. 이는 독서 그룹의 스터디에도 매우 유익하다. 도지원 목사님의 이 책이 교회와 성도를 언약의 반석 위에 든든히 세울 것을 기대하며 기쁨으로 추천한다.

_ 김진수(합동신학대학원대학교 구약신학 교수)

CONTENTS

들어가는 글

언젠가 성경읽기표에 따라 성경을 읽는데 한 구절이 눈에 들어왔다. "여호와께서 솔로몬에게 말씀하시되 네게 이러한 일이 있었고 또 네가 내 언약과 내가 네게 명령한 법도를 지키지 아니하였으니 내가 반드시 이 나라를 네게서 빼앗아 네 신하에게 주리라" (왕상 11:11). 이 구절을 읽는데 "내 언약과 내가 네게 명령한 법도를 지키지 아니하였으니"라는 말이 시선을 사로잡았다. 그 순간 오랫동안 언약에 대해 품고 있던 의문이 풀렸다. 바로 '언약이란 무엇인가?' 하는 물음이었다. 좀 더 구체적으로 말하면, '언약이 신자의 삶에 어떤 의미가 있을까?' 하는 물음이었다. 비로소 이 질문에 답을 얻은 순간이었다. 실로 언약이 삶으로 들어온 순간이었다.

그동안 읽은 책을 보면 언약을 설명하는 방식은 대개 비슷하다. 아담부터 그리스도까지 성경을 관통하는 언약에 대해 살펴보는 것이다. 이러한 방식의 설명은 언약이 무엇인지 어느 정도 알게 해준다. 언약은 하나님의 계획이 다양한 시대 속에서 어떻게 실현되는지를 보여준다. 따라서 우리에게 성경을 보는 해석학적 틀을 제공한다는 점에서 중요하다. 언약은 성경에 흩어져 있는 여러 사건과 주제를 하나로 연결시켜 그것을 일관되게 이해할 수 있게 한다. 그래서 성경을 읽을 때 잘못 이해한 것을 바로잡아 주거나 미처 이해하지 못한 것을 볼 수 있게 하는 유익을 제공한다.

그런데 언약의 결정적인 중요성은 다른 데 있다. 바로 언약은 우리에게 하나님과 관계를 맺고 살아가는 법을 가르쳐준다는 것이다. 우리는 언약을 지킴으로써 하나님이 주신 복을 누린다. 이 점에서 언약은 실제적이다. 언약은 단지 성경을 이해하는 데 필요한 신학적 개념이나 이론이 아니다. 언약을 삶과 동떨어진 것으로 생각하는 것은 심각한 오해다. 성경에서 신자의 삶은 철저히 언약 안에서 이루어진다. 신자는 언약 안에서 하나님께 순종하고, 언약 안에서 하나님의 사랑을 경험한다. 신자의 고백과 기도, 감사와 찬송은 모두 언약을 배경으로 한다. 한 마디로 신자의 삶은 언약적이다. 언약을 떠나서 신자다운 삶을 산다는 것은 불가능하다. 신자의 삶에 나타나는 많은 결핍은 언약을 이해하지 못한 데서 기인한다. 우리가 믿는 하나님을 삶으로 보여주지 못하는 것이 오늘 우리의 문제라면, 그에 대한 해결책은 언약에 있다. 언약은 신자의 삶이 세워지는 토대이기 때문이다. 그러므로 우리는 반드시 언약을 이해해야 한다.

역사적으로 볼 때, 언약을 이해함에 있어서 중요한 이슈 중 하나는 모세 언약에 대한 해석이다. 모세 언약은 행위 언약인가 아니면 은혜 언약인가? 주류 정통 개혁주의의 입장에서는 모세 언약을 행위 언약의 요소를 지닌 은혜 언약이라고 본다. 우선 이것은 모세 언약이 행위 언약이 아님을 분명히 한다. 타락 이후 주어진 모세 언약에서, 행위 언약의 형식으로 공표된 율법은 칭의와 구원을 위한 것이 아니다. 이 점에서 모세 언약은 율법을 지킴으로써 의롭다 함을 얻으려는 율법주의를 원천적으로 배제한다. 그다음, 이것은 모세 언약으로 주어진 율법이 은혜 언약에 종속하는 것임을 의미한다. 율법은 죄를 깨닫게 하여 그리스도께 인도함으로써 선행적으로 은혜 언약을 위해 봉사한다. 또 율법은 하나님의 뜻을 깨닫게 해서 그분께 순종하게 함으로써 결과적으로 은혜 언약의 요구를 이루게 한다.

이 가운데 후자의 내용은 '율법의 세 번째 용도'(교훈적 용도)로 알려졌다. 이것은 율법이 신자의 삶을 위한 규칙임을 말한다. 조엘 비키(Joel R. Beeke)는 이에 대한 성경의 자료를 다음과 같이 제시한다.

● 신약과 구약성경은 지속적으로 성화를 추구하도록 돕기 위해 주로 신자들에게 초점을 맞춘 율법에 대한 해설을 풍부하게 담고 있다. 시편은 신자가 속사람과 외적 삶 속에서 하나님의 법을 맛보는 것을 반복해서 역설한다. 시편 기자들의 최고 관심사

가운데 하나는 하나님의 선하시고 완전하신 뜻을 확인하고, 나아가 하나님의 계명을 지키며 사는 것이다. 산상 설교와 바울 서신의 윤리적 부분은 율법을 삶의 법칙으로서 적용시킨 신약성경의 훌륭한 사례다.[01]

그래서 웨스트민스터 신앙고백에는 율법에 대한 이런 설명이 나온다.

● 참된 신자들은 행위 언약의 율법 아래 있지 않기 때문에 율법에 의해서 의롭다 함을 받거나 정죄를 받지 않는다. 그럼에도 율법은 다른 이들뿐 아니라 참된 신자들에게도 크게 유용하다. 왜냐하면 율법은 그들에게 하나님의 뜻과 그들의 의무를 알려주는 삶의 규칙으로서 그들이 이에 따라서 행하도록 지시하고 의무를 부과하기 때문이다(19장 6항).

이처럼 신자는 칭의가 아닌 성화를 위해 여전히 율법 준수의 의무에서 자유롭지 않다. 이런 점에서 모세 언약은 율법폐기론(반율법주의) 역시 배제한다. 결국 모세 언약은 율법주의와 율법폐기론

---

01 조엘 비키, 『개혁주의 청교도 영성』, 김귀탁 역(서울: 부흥과개혁사, 2009), p.207.

둘 다 배제하는 대신에 신자의 삶을 위한 규칙으로서 율법이 필수적임을 드러낸다.

여기서 율법이 신자의 삶에서 작동하는 근거가 언약이라는 사실을 주목하게 된다. 세일해머(John H. Sailhamer)는 말한다.

> ● 그리스도인이 모세 율법에 대해 갖는 관계의 문제는 언약신학에서 중심적이다. 언약신학은 모세 율법과 그리스도인 사이의 신학적 연속성에 대한 견해를 보여준다.[02]

그렇기 때문에 언약은 신자의 삶에서 결정적인 중요성을 지닌다. 언약을 이해하지 못하면 신자의 삶은 도덕적으로 약화될 수밖에 없다. 율법이 신자의 삶에서 작동하는 것은 언약을 기반으로 하기 때문이다. 언약을 이해하지 못할 때, 선지자 하박국의 말처럼 "율법이 해이"한(합 1:4) 상황이 벌어질 것은 당연하다. 결과적으로 언약을 이해하지 못한 신자는 하나님의 복을 경험할 수 없을 것이다. 하나님은 언약을 지키는 자에게 복을 내리시기 때문이다.

이 책은 언약을 실제적으로 이해하도록 돕기 위한 것이다. 그래서 언약에 대한 다소 복잡하고 신학적인 설명은 피하려고 했다.

---

02 존 H. 세일해머, 『모세오경 신학』, 김윤희 역(서울: 새물결플러스, 2013), p.720.

그 대신 언약의 실체를 볼 수 있도록 성경의 근거를 충분히 제시했다. 그러다 보니 성경 구절 인용이 많아졌다. 그러나 인용한 구절을 찬찬히 읽어가다 보면 언약을 이해하는 눈이 열릴 것이다.

"그런즉 너는 알라 오직 네 하나님 여호와는 하나님이시요
신실하신 하나님이시라 그를 사랑하고
그의 계명을 지키는 자에게는
천 대까지 그의 언약을 이행하시며 인애를 베푸시되"

_ 신 7:9

COVENANT & COMMUNION

01

언약의 요소: 계명을 지키다

● 여호와의 모든 길은 그의 언약과 증거를 지키는 자에게 인자와 진리로다 _ 시 25:10

● 여호와의 인자하심은 자기를 경외하는 자에게 영원부터 영원까지 이르며 그의 의는 자손의 자손에게 이르리니 곧 그의 언약을 지키고 그의 법도를 기억하여 행하는 자에게로다 _ 시 103:17-18

언약의 하나님

성경에 나타난 하나님은 언약의 하나님이다. 창조주 하나님은 언약을 통해 피조물과 관계를 맺으신다. 따라서 언약은 창조주 하나님이 피조물과 관계를 맺으시는 방식이라고 할 수 있다. 물론 창조 이전의 언약을 말하는 경우도 있다. 그것은 삼위 하나님 사이에서 맺어진 영원한 언약으로 '구속 언약'이라고 부른다.

우리가 살펴보려는 것은 역사 속에서 드러난 창조주와 피조물 사이의 언약이다. 여기에는 타락 이전의 '행위 언약'과 타락 이후의 '은혜 언약'이 있다. 행위 언약이 하나님께서 아담 안에서 인류와 맺은 관계를 말한다면, 은혜 언약은 하나님이 그리스도 안에서 그의 백성과 맺은 관계를 말한다. 이 언약에 관해 웨스트민스터 신앙고백 7장 1항은 이렇게 말한다.

> ● 하나님과 피조물 사이의 간격이 너무 크기 때문에, 이성적인 피조물은 하나님을 그들의 창조주로서 마땅히 순종해야 하지만, 그럼에도 그들은 하나님에게서 어떤 복과 상급을 얻어낼 수 없고, 하나님 편에서 자발적으로 자신을 낮추심을 통해서만 가능한데, 하나님은 언약을 통해 이를 나타내기를 기뻐하셨다.

이것은 언약이 창조주 하나님께서 피조물과 관계를 맺으시는 은혜로운 방식임을 보여준다. 성경에는 하나님이 피조물과 언약을 세우신 경우가 적어도 여섯 번 나온다. 각각의 언약에는 언약의 대표자가 있다.

아담(창 1-3장)

노아(창 6, 9장)

아브라함(창 15, 17장)

모세(출 19, 24, 34장)

다윗(삼하 7장, 대상 17장)

예수 그리스도(마 26장, 막 14장, 눅 22장, 고전 11장)

이들로 대표되는 언약은 각각의 강조점과 함께 전체적인 통일성을 보여준다. 이 언약은 우리가 하나님과 의미 있는 관계를 맺고 살아가는 데 결정적으로 중요하다. 즉, 언약 밖에서 우리가 하나님과 의미 있는 관계를 맺고 살아가는 것은 불가능하다. 스펄전은 말한다.

● 하나님이 사람과 교제하시는 모든 것은 언약적 성격을 갖는다. 그분은, 자신이 언약을 통하지 않고는 우리와 교제하시지 않을 것이고, 같은 방식이 아니고는 우리가 그분과 교제할 수

없도록 정한 것을 기뻐하셨다.[03]

그러므로 우리는 언약에 대해 반드시 이해할 필요가 있다. 언약을 이해함으로써 하나님과 의미 있는 교제를 시작하게 될 것이다. 언약을 이해하려고 할 때 중요한 것은 언약이라는 용어의 의미나 정의가 아니다. 언약은 일종의 은유적 표현이기 때문이다. 중요한 것은 언약을 구성하는 실제 요소가 무엇인지 아는 것이다. 따라서 우리는 성경에서 언약이라는 용어 자체보다 언약과 관련해 사용되는 실제적인 용어에 주목해야 한다. 그러한 실제적인 용어를 통해 언약의 요소가 드러나기 때문이다.

언약의 요소

노아의 경우, 하나님 편에서 홍수 이전에 주신 노아와 그 가족, 그리고 혈육 있는 모든 생물에 대한 보존의 약속이 있다. "내가 홍수를 땅에 일으켜 무릇 생명의 기운이 있는 모든 육체를 천하에서 멸절하리니 땅에 있는 것들이 다 죽으리라 그러나 너와는 내가 내

---

03 Peter Golding, *Covenant Theology* (Ross-shire: Christian Focus, 2004), 185.

언약을 세우리니 너는 네 아들들과 네 아내와 네 며느리들과 함께 그 방주로 들어가고 혈육 있는 모든 생물을 너는 각기 암수 한 쌍씩 방주로 이끌어들여 너와 함께 생명을 보존하게 하되"(창 6:17-19). 또 홍수 이후에 주신 땅에 있는 모든 생물에 대한 보존의 약속도 있다. "내가 너희와 언약을 세우리니 다시는 모든 생물을 홍수로 멸하지 아니할 것이라 땅을 멸할 홍수가 다시 있지 아니하리라"(창 9:11). 이와 함께 인간 편에서는 홍수 이전에 방주를 준비하고 방주에 들어가야 한다. "너는 고페르 나무로 너를 위하여 방주를 만들되 그 안에 칸들을 막고 역청을 그 안팎에 칠하라"(창 6:14). "너와 네 온 집은 방주로 들어가라"(창 7:1).

아브라함의 경우에는 하나님 편에서 주신 땅과 자손에 대한 약속이 있다. "그 날에 여호와께서 아브람과 더불어 언약을 세워 이르시되 내가 이 땅을 애굽 강에서부터 그 큰 강 유브라데까지 네 자손에게 주노니"(창 15:18). "내가 내 언약을 나와 너 및 네 대대 후손 사이에 세워서 영원한 언약을 삼고 너와 네 후손의 하나님이 되리라 내가 너와 네 후손에게 네가 거류하는 이 땅 곧 가나안 온 땅을 주어 영원한 기업이 되게 하고 나는 그들의 하나님이 되리라"(창 17:7-8). 또 인간 편에서 받아야 할 할례가 있다. "하나님이 또 아브라함에게 이르시되 그런즉 너는 내 언약을 지키고 네 후손도 대대로 지키라 너희 중 남자는 다 할례를 받으라 이것이 나와 너희와 너희 후손 사이에 지킬 내 언약이니라"(창 17:9-10).

그런데 모세를 통해 율법이 주어진 후부터 언약의 요소는 일정한 형태로 나타난다. 그것은 인간 편에서 계명(법도, 증거)을 지키는 것과 하나님 편에서 인자하심(인애, 긍휼)을 베푸시는 것이다. 구약성경에는 이러한 언약의 요소를 완전하게 보여주는 구절이 여섯 개 있다.

● 그런즉 너는 알라 오직 네 하나님 여호와는 하나님이시요 신실하신 하나님이시라 그를 사랑하고 그의 계명을 지키는 자에게는 천 대까지 그의 언약을 이행하시며 인애를 베푸시되 _신 7:9

● 너희가 이 모든 법도를 듣고 지켜 행하면 네 하나님 여호와께서 네 조상들에게 맹세하신 언약을 지켜 네게 인애를 베푸실 것이라 _신 7:12

● 이르되 하늘의 하나님 여호와 크고 두려우신 하나님이여 주를 사랑하고 주의 계명을 지키는 자에게 언약을 지키시며 긍휼을 베푸시는 주여 간구하나이다 _느 1:5

● 여호와의 모든 길은 그의 언약과 증거를 지키는 자에게 인자와 진리로다 _ 시 25:10

● 여호와의 인자하심은 자기를 경외하는 자에게 영원부터 영원까지 이르며 그의 의는 자손의 자손에게 이르리니 곧 그의 언약을 지키고 그의 법도를 기억하여 행하는 자에게로다 _ 시 103:17-18

● 내 하나님 여호와께 기도하며 자복하여 이르기를 크시고 두려워할 주 하나님, 주를 사랑하고 주의 계명을 지키는 자를 위하여 언약을 지키시고 그에게 인자를 베푸시는 이시여 _ 단 9:4

이 가운데 시편 두 구절은 인간 편에서 언약을 지키는 것이 계명(증거, 법도)을 지키는 것임을 강조한다. 나머지 네 구절은 하나님 편에서 언약을 지키시는 것이 인자하심(인애, 긍휼)을 베푸시는 것임을 강조한다.

계명을 지키다

───

　그러면 먼저 인간 편에서 계명을 지키는 요소에 대해 살펴보자. 성경은 인간 편에서 언약을 지키는 것이 곧 계명(이것은 성경에서 명령, 규례, 법도, 증거, 율례, 율법, 말씀 등으로도 불린다)을 지키는 것이라고 말한다. 이 점은 하나님께서 이스라엘과 언약을 세우실 때부터 명확히 드러났다. "모세가 와서 여호와의 모든 말씀과 그의 모든 율례를 백성에게 전하매 그들이 한 소리로 응답하여 이르되 여호와께서 말씀하신 모든 것을 우리가 준행하리이다 모세가 여호와의 모든 말씀을 기록하고 이른 아침에 일어나 산 아래에 제단을 쌓고 이스라엘 열두 지파대로 열두 기둥을 세우고 이스라엘 자손의 청년들을 보내어 여호와께 소로 번제와 화목제를 드리게 하고 모세가 피를 가지고 반은 여러 양푼에 담고 반은 제단에 뿌리고 언약서를 가져다가 백성에게 낭독하여 듣게 하니 그들이 이르되 여호와의 모든 말씀을 우리가 준행하리이다 모세가 그 피를 가지고 백성에게 뿌리며 이르되 이는 여호와께서 이 모든 말씀에 대하여 너희와 세우신 언약의 피니라"(출 24:3-8). 여기서 강조된 언약의 요소는 이스라엘이 여호와의 모든 말씀과 모든 율례를 준행하는 것이다.

　이처럼 인간 편에서 언약을 지키는 것이 계명을 지키는 것임은 그 이후로 구약성경에서 일관되게 나타난다.

- 그는 그의 부모에게 대하여 이르기를 내가 그들을 보지 못하였다 하며 그의 형제들을 인정하지 아니하며 그의 자녀를 알지 아니한 것은 주의 말씀을 준행하고 주의 언약을 지킴으로 말미암음이로다 _ 신 33:9

- 왕이 단 위에 서서 여호와 앞에서 언약을 세우되 마음을 다하고 뜻을 다하여 여호와께 순종하고 그의 계명과 법도와 율례를 지켜 이 책에 기록된 이 언약의 말씀을 이루게 하리라 하매 백성이 다 그 언약을 따르기로 하니라 _ 왕하 23:3(대하 34:31 참조)

- 네 자손이 내 언약과 그들에게 교훈하는 내 증거를 지킬진대 그들의 후손도 영원히 네 왕위에 앉으리라 하셨도다 _ 시 132:12

반대로 성경은 계명(명령, 규례, 법도, 증거, 율례, 율법, 말씀)을 지키지 않는 것은 언약을 배반하고 버리고 깨뜨리고 지키지 않는 것이라고 말한다.

● 그러나 너희가 내게 청종하지 아니하여 이 모든 명령을 준행하지 아니하며 내 규례를 멸시하며 마음에 내 법도를 싫어하여 내 모든 계명을 준행하지 아니하며 내 언약을 배반할진대 _ 레 26:14-15

● 여호와께서 솔로몬에게 말씀하시되 네게 이러한 일이 있었고 또 네가 내 언약과 내가 네게 명령한 법도를 지키지 아니하였으니 내가 반드시 이 나라를 네게서 빼앗아 네 신하에게 주리라 _ 왕상 11:11

● 여호와의 율례와 여호와께서 그들의 조상들과 더불어 세우신 언약과 경계하신 말씀을 버리고 허무한 것을 뒤따라 허망하며 또 여호와께서 명령하사 따르지 말라 하신 사방 이방 사람을 따라 _ 왕하 17:15

● 이는 그들이 하나님 여호와의 말씀을 듣지 아니하고 그의 언약과 여호와의 종 모세가 명령한 모든 것을 따르지 아니하였음이더라 _ 왕하 18:12

● 그들이 하나님의 언약을 지키지 아니하고 그의 율

법 준행을 거절하며 _ 시 78:10

● 땅이 또한 그 주민 아래서 더럽게 되었으니 이는 그
들이 율법을 범하며 율례를 어기며 영원한 언약을 깨뜨렸음이라
_ 사 24:5

● 나팔을 네 입에 댈지어다 원수가 독수리처럼 여호
와의 집에 덮치리니 이는 그들이 내 언약을 어기며 내 율법을 범함
이로다 _ 호 8:1

언약의 이러한 요소는 신약성경에서도 달라지지 않는다. 계명
을 지키는 것의 중요성은 여전히 유지된다. 예수님은 계명을 지
키는 것의 중요성을 말씀하셨다. "내가 율법이나 선지자를 폐하러
온 줄로 생각하지 말라 폐하러 온 것이 아니요 완전하게 하려 함
이라 진실로 너희에게 이르노니 천지가 없어지기 전에는 율법의
일점 일획도 결코 없어지지 아니하고 다 이루리라 그러므로 누구
든지 이 계명 중의 지극히 작은 것 하나라도 버리고 또 그같이 사
람을 가르치는 자는 천국에서 지극히 작다 일컬음을 받을 것이요
누구든지 이를 행하며 가르치는 자는 천국에서 크다 일컬음을 받
으리라"(마 5:17-19). 사도 바울도 같은 맥락에서 말했다. "그런즉

우리가 믿음으로 말미암아 율법을 파기하느냐 그럴 수 없느니라 도리어 율법을 굳게 세우느니라"(롬 3:31). "육신을 따르지 않고 그 영을 따라 행하는 우리에게 율법의 요구가 이루어지게 하려 하심이니라"(롬 8:4).

그러므로 하나님의 언약 백성인 우리 편에서 계명을 지키는 요소는 여전히 중요하다. 그것은 산상수훈에서 예수님이 설명해 주신 대로 율법의 계명을 지키는 것이다. 그럴 때 우리는 하나님과 교제하는 삶을 살게 된다. 예수님은 말씀하셨다. "나의 계명을 지키는 자라야 나를 사랑하는 자니 나를 사랑하는 자는 내 아버지께 사랑을 받을 것이요 나도 그를 사랑하여 그에게 나를 나타내리라" (요 14:21).

예수님의 계명을 지키는 것은 성부 하나님의 계명을 지키는 것과 다르지 않다. 그래서 사도 요한은 우리가 하나님의 계명을 지킬 때 무슨 일이 일어나는지 이렇게 말했다. "사랑하는 자들아 만일 우리 마음이 우리를 책망할 것이 없으면 하나님 앞에서 담대함을 얻고 무엇이든지 구하는 바를 그에게서 받나니 이는 우리가 그의 계명을 지키고 그 앞에서 기뻐하시는 것을 행함이라 그의 계명은 이것이니 곧 그 아들 예수 그리스도의 이름을 믿고 그가 우리에게 주신 계명대로 서로 사랑할 것이니라 그의 계명을 지키는 자는 주 안에 거하고 주는 그의 안에 거하시나니 우리에게 주신 성령으로 말미암아 그가 우리 안에 거하시는 줄을 우리가 아느니라"
(요일 3:21-24). 계명을 지키지 않으면서 하나님과 교제하는 삶은
있을 수 없다.

핵심 질문

1 성경이 말하는 언약을 창조 이전, 타락 이전, 타락 이후로 구
   분해 보십시오.

2 하나님이 세우신 여섯 개의 주요 언약에서 각각의 대표자를
   말해 보십시오.

3 언약을 이해하는 것은 왜 중요합니까?

4 모세 이후 일정한 형태로 나타나는 언약의 요소는 무엇입
   니까?

5 우리가 언약을 지킨다는 것은 실제로 무엇을 의미합니까?

02

언약의 요소: 인자하심을 베푸시다

　

● 그런즉 너는 알라 오직 네 하나님 여호와는 하나님 이시요 신실하신 하나님이시라 그를 사랑하고 그의 계명을 지키는 자에게는 천 대까지 그의 언약을 이행하시며 인애를 베푸시되 _ 신 7:9

● 너희가 이 모든 법도를 듣고 지켜 행하면 네 하나님 여호와께서 네 조상들에게 맹세하신 언약을 지켜 네게 인애를 베푸실 것이라 _ 신 7:12

● 이르되 하늘의 하나님 여호와 크고 두려우신 하나님이여 주를 사랑하고 주의 계명을 지키는 자에게 언약을 지키시며 긍휼을 베푸시는 주여 간구하나이다 _ 느 1:5

● 내 하나님 여호와께 기도하며 자복하여 이르기를 크시고 두려워할 주 하나님, 주를 사랑하고 주의 계명을 지키는 자를 위하여 언약을 지키시고 그에게 인자를 베푸시는 이시여
_단 9:4

율법이 주어진 후부터 일정한 형태로 나타나는 언약의 요소는 이런 것이다. 인간 편에서 계명을 지키는 것과 하나님 편에서 인자하심을 베푸시는 것. 앞에서 우리는 인간 편에서 언약을 지키는 것이 계명을 지키는 것임을 살펴보았다. 이제 하나님 편에서 언약을 지키는 것이 인자하심을 베푸시는 것임을 살펴보자.

인자하심을 베푸시다

구약성경은 하나님 편에서 언약을 지키는 것이 인자하심(이것은 히브리어 '헤세드'로서 인애, 은혜, 긍휼, 자비, 은총, 사랑 등으로도 번역된다)을 베푸시는 것임을 일관되게 보여준다.

● 그런즉 너는 알라 오직 네 하나님 여호와는 하나님이시요 신실하신 하나님이시라 그를 사랑하고 그의 계명을 지키

는 자에게는 천 대까지 그의 언약을 이행하시며 인애를 베푸시되
_ 신 7:9

● 너희가 이 모든 법도를 듣고 지켜 행하면 네 하나님
여호와께서 네 조상들에게 맹세하신 언약을 지켜 네게 인애를 베
푸실 것이라 _ 신 7:12

● 이르되 이스라엘의 하나님 여호와여 위로 하늘과
아래로 땅에 주와 같은 신이 없나이다 주께서는 온 마음으로 주의
앞에서 행하는 종들에게 언약을 지키시고 은혜를 베푸시나이다
_ 왕상 8:23(대하 6:14 참조)

● 이르되 하늘의 하나님 여호와 크고 두려우신 하나
님이여 주를 사랑하고 주의 계명을 지키는 자에게 언약을 지키시
며 긍휼을 베푸시는 주여 간구하나이다 _ 느 1:5

● 우리 하나님이여 광대하시고 능하시고 두려우시며
언약과 인자하심을 지키시는 하나님이여 우리와 우리 왕들과 방
백들과 제사장들과 선지자들과 조상들과 주의 모든 백성이 앗수
르 왕들의 때로부터 오늘까지 당한 모든 환난을 이제 작게 여기지

마옵소서 _ 느 9:32

● 그를 위하여 나의 인자함을 영원히 지키고 **그와 맺**
은 나의 언약을 굳게 세우며 _ 시 89:28

● 그러나 나의 인자함을 그에게서 다 거두지는 아니
하며 **나의 성실함도 폐하지 아니하며** 내 언약을 깨뜨리지 아니하
고 내 입술에서 낸 것은 변하지 아니하리로다 _ 시 89:33-34

● 그들을 위하여 그의 언약을 기억하시고 그 크신 인
자하심을 따라 뜻을 돌이키사 _ 시 106:45

● 산들이 떠나며 언덕들은 옮겨질지라도 나의 자비는
네게서 떠나지 아니하며 나의 화평의 언약은 흔들리지 아니하리
라 너를 긍휼히 여기시는 여호와께서 말씀하셨느니라 _ 사 54:10

● 내 하나님 여호와께 기도하며 자복하여 이르기를
크시고 두려워할 주 하나님, 주를 사랑하고 주의 계명을 지키는
자를 위하여 언약을 지키시고 그에게 인자를 베푸시는 이시여
_ 단 9:4

이처럼 하나님 편에서 언약의 요소는 그분의 인자하심(인애, 은혜, 은총, 긍휼, 자비, 사랑)을 베푸시는 것이다. 이 사실은 모세 언약에서 명확히 드러난다. 하나님은 십계명의 제2계명을 주실 때 이렇게 말씀하셨다. "나를 사랑하고 내 계명을 지키는 자에게는 천대까지 은혜를 베푸느니라"(출 20:6). 또 금송아지 사건 후 하나님은 두 번째 돌판에 십계명을 기록해 주실 때 이렇게 말씀하셨다. "여호와께서 그의 앞으로 지나시며 선포하시되 여호와라 여호와라 자비롭고 은혜롭고 노하기를 더디하고 인자와 진실이 많은 하나님이라 인자를 천대까지 베풀며 악과 과실과 죄를 용서하리라 그러나 벌을 면제하지는 아니하고 아버지의 악행을 자손 삼사 대까지 보응하리라 … 여호와께서 이르시되 보라 내가 언약을 세우나니"(출 34:6-7, 10).

인자하심, 언약적 사랑

이 인자하심(인애, 은혜, 은총, 긍휼, 자비, 사랑)은 언약적 사랑을 가리킨다. 이것은 변함없는 사랑, 성실한 사랑을 뜻한다. 그러기에 이 인자하심은 종종 성실하심(이것은 히브리어 '에메트'로서 진실, 진리 등으로도 번역되며, 영어로는 faithfulness)과 함께 사용된다. 그 예를 살펴보자.

아브라함

아브라함은 종을 고향으로 보내 아들 이삭의 아내를 택하여 오게 한다. 아브라함의 고향에 도착한 종은 성 밖 우물곁에서 기도한다. "우리 주인 아브라함의 하나님 여호와여 원하건대 오늘 나에게 순조롭게 만나게 하사 내 주인 아브라함에게 은혜(헤세드)를 베푸시옵소서 성 중 사람의 딸들이 물 길으러 나오겠사오니 내가 우물 곁에 서 있다가 한 소녀에게 이르기를 청하건대 너는 물동이를 기울여 나로 마시게 하라 하리니 그의 대답이 마시라 내가 당신의 낙타에게도 마시게 하리라 하면 그는 주께서 주의 종 이삭을 위하여 정하신 자라 이로 말미암아 주께서 내 주인에게 은혜(헤세드) 베푸심을 내가 알겠나이다"(창 24:12-14). 그리고 이 종은 기도한 대로 소녀 리브가를 만나게 되자 하나님을 찬송한다. "나의 주인 아브라함의 하나님 여호와를 찬송하나이다 나의 주인에게 주의 사랑(헤세드)과 성실(에메트)을 그치지 아니하셨사오며 여호와께서 길에서 나를 인도하사 내 주인의 동생 집에 이르게 하셨나이다"(창 24:27). 이 종이 "사랑과 성실"을 말한 것은 기도 응답을 통해 이 사랑(은혜)이 성실한 사랑임을 깨달았기 때문이다.

야곱

야곱은 고향으로 돌아갈 때 형 에서가 사백 인을 거느리고 온다는 말을 듣자 이렇게 기도한다. "나는 주께서 주의 종에게 베푸신 모든 은총과 모든 진실하심을 조금도 감당할 수 없사오나 내가 내 지팡이만 가지고 이 요단을 건넜더니 지금은 두 떼나 이루었나이다 내가 주께 간구하오니 내 형의 손에서, 에서의 손에서 나를 건져내시옵소서 내가 그를 두려워함은 그가 와서 나와 내 처자들을 칠까 겁이 나기 때문이니이다"(창 32:10-11). 야곱은 그동안 하나님이 자기에게 베푸신 "모든 은총(인자하심)과 모든 진실하심(성실하심)"을 말한다. 이 말을 한 이유는 지금까지의 경험 때문이다. "내가 내 지팡이만 가지고 이 요단을 건넜더니 지금은 두 떼나 이루었나이다." 야곱은 이러한 경험을 통해 하나님의 은총(인자하심)이 성실한 사랑임을 알았다. 그래서 이 성실한 사랑에 의지하여 이번에도 형의 손에서 건져주실 것을 간구한 것이다.

모세

이스라엘이 금송아지를 만들어 숭배한 사건이 있은 후, 하나님은 시내산에서 그들과 언약을 세우신다. 그때 하나님은 자신의 이름을 이렇게 반포하신다. "여호와라 여호와라 자비롭고 은혜롭고 노하기를 더디하고 인자와 진실이 많은 하나님이라 인자를 천대까지 베풀며 악과 과실과 죄를 용서하리라 그러나 벌을 면제하지는 아니하고 아버지의 악행을 자손 삼사 대까지 보응하리라"(출 34:6-7). 여기서 "인자와 진실(성실)이 많은" 것은 "인자를 천대까지 베풀며 악과 과실과 죄를 용서"하는 것으로 나타난다. 이 말씀을 들은 모세는 즉시 하나님께 간구한다. "주여 내가 주께 은총을 입었거든 원하건대 주는 우리와 동행하옵소서 이는 목이 뻣뻣한 백성이니이다 우리의 악과 죄를 사하시고 우리를 주의 기업으로 삼으소서"(출 34:9). 모세는 하나님의 인자하심이 성실한 사랑임을 알고 이렇게 구한 것이다.

다윗

다윗은 길르앗 야베스 사람들이 사울을 장사한 사실을 알고 전령을 보내어 이렇게 말한다. "너희가 너희 주 사울에게 이처럼 은혜를 베풀어 그를 장사하였으니 여호와께 복을 받을지어다 너희가 이 일을 하였으니 이제 여호와께서 은혜와 진리로 너희에게 베푸시기를 원하고 나도 이 선한 일을 너희에게 갚으리니"(삼하 2:5-6). 다윗은 길르앗 야베스 사람들이 사울을 장사한 것은 그에게 "은혜(인자하심)"를 베푼 것이라고 말한다. 다윗은 그들의 은혜, 즉 성실한 사랑을 칭찬했다. 사울이 죽은 후에도 그에게 은혜를 베풀었기 때문이다. 그래서 이 사실을 안 다윗이 그들에게 이런 말로 축복한 것이다. "이제 여호와께서 은혜(인자하심)와 진리(성실하심)로 너희에게 베푸시기를 원하고." 다윗은 사울이 죽은 후까지 그에게 은혜를 베푼 길르앗 야베스 사람들에게 하나님의 성실한 은혜가 주어지기를 원한 것이다.

이처럼 "인자하심과 성실하심"이라는 말은 인자하심이 성실한 사랑임을 보여준다. 그러기에 우리는 언제, 어떤 상황에서라도 이 사랑에 의지할 수 있다. 시편을 보면, 성도들이 하나님의 이 성실한 사랑(인자하심과 진리)에 의지하여 산 것을 알 수 있다.

● 주의 인자하심이 내 목전에 있나이다 내가 주의 진리 중에 행하여 _ 시 26:3

● 내가 주의 공의를 내 심중에 숨기지 아니하고 주의 성실과 구원을 선포하였으며 내가 주의 인자와 진리를 많은 회중 가운데에서 감추지 아니하였나이다 여호와여 주의 긍휼을 내게서 거두지 마시고 주의 인자와 진리로 나를 항상 보호하소서 _ 시 40:10-11

● 그가 하늘에서 보내사 나를 삼키려는 자의 비방에서 나를 구원하실지라 (셀라) 하나님이 그의 인자와 진리를 보내시

리로다 _ 시 57:3

● 그가 영원히 하나님 앞에서 거주하리니 인자와 진
리를 예비하사 그를 보호하소서 _ 시 61:7

● 여호와여 나를 반기시는 때에 내가 주께 기도하
오니 하나님이여 많은 인자와 구원의 진리로 내게 응답하소서
_ 시 69:13

● 진실로 그의 구원이 그를 경외하는 자에게 가까우
니 영광이 우리 땅에 머무르리이다 인애와 진리가 같이 만나고 의
와 화평이 서로 입맞추었으며 _ 시 85:9-10

● 그러나 주여 주는 긍휼히 여기시며 은혜를 베푸시
며 노하기를 더디하시며 인자와 진실이 풍성하신 하나님이시오니
내게로 돌이키사 내게 은혜를 베푸소서 주의 종에게 힘을 주시고
주의 여종의 아들을 구원하소서 _ 시 86:15-16

이렇게 성실한 사랑에 의지하여 산 성도들은 실제로 삶 속에서
그 사랑을 경험했다. 그래서 그들은 하나님의 이 성실한 사랑에

감사하며 찬송하곤 했다.

● 주여 내가 만민 중에서 주께 감사하오며 뭇 나라 중에서 주를 찬송하리이다 무릇 주의 인자는 커서 하늘에 미치고 주의 진리는 궁창에 이르나이다 _시 57:9-10

● 의와 공의가 주의 보좌의 기초라 인자함과 진실함이 주 앞에 있나이다 _시 89:14

● 여호와여 내가 만민 중에서 주께 감사하고 뭇 나라 중에서 주를 찬양하오리니 주의 인자하심이 하늘보다 높으시며 주의 진실은 궁창에까지 이르나이다 _시 108:3-4

● 여호와여 영광을 우리에게 돌리지 마옵소서 우리에게 돌리지 마옵소서 오직 주는 인자하시고 진실하시므로 주의 이름에만 영광을 돌리소서 _시 115:1

● 너희 모든 나라들아 여호와를 찬양하며 너희 모든 백성들아 그를 찬송할지어다 우리에게 향하신 여호와의 인자하심이 크시고 여호와의 진실하심이 영원함이로다 할렐루야

_ 시 117:1-2

● 내가 주의 성전을 향하여 예배하며 주의 인자하심
과 성실하심으로 말미암아 주의 이름에 감사하오리니 이는 주께
서 주의 말씀을 주의 모든 이름보다 높게 하셨음이라 _ 시 138:2

그러면 언제 하나님의 인자하심과 성실하심에 의지할 수 있을
까? 그것은 우리가 언약을 지킬 때다. 즉, 하나님의 계명을 지킬
때 우리는 하나님의 인자하심에 의지할 수 있다. 시편 119편에서
시편 기자는 일곱 번이나 하나님의 인자하심에 의지한다고 말한
다. 그가 이렇게 말할 수 있는 것은 자신이 하나님의 증거(법도, 법,
규례, 말씀)를 지키기 때문이다.

● 여호와여 주의 말씀대로 주의 인자하심과 주의 구
원을 내게 임하게 하소서 그리하시면 내가 나를 비방하는 자들
에게 대답할 말이 있사오리니 내가 주의 말씀을 의지함이니이다
_ 41-42절

● 나는 주를 경외하는 모든 자들과 주의 법도들을 지
키는 자들의 친구라 여호와여 주의 인자하심이 땅에 충만하였사

오니 주의 율례들로 나를 가르치소서 _ 63-64절

● 구하오니 주의 종에게 하신 말씀대로 주의 인자하심이 나의 위안이 되게 하시며 주의 긍휼히 여기심이 내게 임하사 내가 살게 하소서 주의 법은 나의 즐거움이니이다 _ 76-77절

● 그들이 나를 세상에서 거의 멸하였으나 나는 주의 법도들을 버리지 아니하였사오니 주의 인자하심을 따라 나를 살아나게 하소서 그리하시면 주의 입의 교훈들을 내가 지키리이다 _ 87-88절

● 내 눈이 주의 구원과 주의 의로운 말씀을 사모하기에 피곤하니이다 주의 인자하심대로 주의 종에게 행하사 내게 주의 율례들을 가르치소서 _ 123-124절

● 내가 날이 밝기 전에 부르짖으며 주의 말씀을 바랐사오며 주의 말씀을 조용히 읊조리려고 내가 새벽녘에 눈을 떴나이다 주의 인자하심을 따라 내 소리를 들으소서 여호와여 주의 규례들을 따라 나를 살리소서 _ 147-149절

● 내가 주의 법도들을 사랑함을 보옵소서 여호와여
주의 인자하심을 따라 나를 살리소서 _159절

이처럼 성경이 보여주는 언약의 요소는 일정하다. 그것은 인간 편에서 계명(명령, 규례, 법도, 증거, 율례, 율법, 말씀)을 지키는 것과 하나님 편에서 인자하심(인애, 은혜, 은총, 긍휼, 자비, 사랑)을 베푸시는 것이다. 이 두 요소는 언약 안에서 하나로 묶여 있다. 따라서 하나님이 베푸시는 인자하심을 누리려면 하나님의 계명을 지키는 것이 우리에게 요구된다. 이런 점에서 언약은 조건적이다.

이때 조건은 공로적 원인의 의미가 아니라 도구적 원인이라는 의미다. 하나님은 우리가 계명을 지키는 공로로 인자하심을 베푸시는 게 아니다. 우리가 계명을 지키는 것은 하나님이 인자하심을 베푸시는 데 아무런 영향을 주지 못한다. 그 대신 하나님은 그분의 계명을 지키는 우리에게 인자하심 베풀기를 기뻐하신다. 이로써 하나님은 계명을 지키지 않는 우리가 그분의 인자하심을 기대할 수 없게 하셨다.

반대로 하나님은 그분의 계명을 지키는 우리가 그분의 인자하심을 의지할 수 있게 하셨다. 이것이 언약을 지키는 자가 누리는 복이다.

핵심 질문

———

1 하나님이 언약을 지키신다는 것은 실제로 무엇을 의미합니까?

2 인자하심(인애, 은혜, 은총, 긍휼, 자비, 사랑, 히브리어 '헤세드')은 무엇을 가리키는 말입니까?

3 "인자하심과 성실하심"(인자와 진리)이라는 말은 무엇을 보여 줍니까?

4 우리는 언제 하나님의 인자하심에 의지할 수 있습니까?

5 성경이 보여주는 언약의 요소는 무엇입니까?

COVENANT & COMMUNION

03

언약의 통일성

:
:
:
:
:
:
:

● 하나님이 또 아브라함에게 이르시되 그런즉 너는 내 언약을 지키고 네 후손도 대대로 지키라 너희 중 남자는 다 할례를 받으라 이것이 나와 너희와 너희 후손 사이에 지킬 내 언약이니라 _ 창 17:9-10

● 내가 네 앞에서 물러나게 한 사울에게서 내 은총을 빼앗은 것처럼 그에게서 빼앗지는 아니하리라 네 집과 네 나라가 내 앞에서 영원히 보전되고 네 왕위가 영원히 견고하리라 하셨다 하라 _ 삼하 7:15-16

성경에는 인간의 타락 이후 세워진 언약(은혜 언약) 여섯 개가 나타난다.

아담 언약(창 3장)

노아 언약(창 6, 9장)

아브라함 언약(창 15, 17장)

모세 언약(출 19, 24, 34장)

다윗 언약(삼하 7장, 대상 17장)

새 언약(렘 31장, 눅 22장, 고전 11장, 고후 3장, 히 8, 9, 12장)

다윗 언약

그런데 모세 언약부터 언약의 요소가 일정한 형태로 나타난다. 그것은 사람 편에서 계명을 행하는 것과 하나님 편에서 인자하심을 베푸시는 것이다. 이 사실은 모세 언약 이후에 세워진 다윗 언약에서도 분명히 드러난다. 다윗 언약의 주요 내용이다.

● 네 수한이 차서 네 조상들과 함께 누울 때에 내가 네 몸에서 날 네 씨를 네 뒤에 세워 그의 나라를 견고하게 하리라 그는 내 이름을 위하여 집을 건축할 것이요 나는 그의 나라 왕위를 영원히 견고하게 하리라 나는 그에게 아버지가 되고 그는 내게 아들이 되리니 그가 만일 죄를 범하면 내가 사람의 매와 인생

의 채찍으로 징계하려니와 내가 네 앞에서 물러나게 한 사울에게
서 내 은총을 빼앗은 것처럼 그에게서 빼앗지는 아니하리라 네
집과 네 나라가 내 앞에서 영원히 보전되고 네 왕위가 영원히 견
고하리라 _ 삼하 7:12-16

　여기에는 '언약'이라는 말이 사용되지 않았다. 그러나 이 내용
이 언약임을 분명히 밝혀주는 말씀이 있다. "주께서 이르시되 나
는 내가 택한 자와 언약을 맺으며 내 종 다윗에게 맹세하기를 내
가 네 자손을 영원히 견고히 하며 네 왕위를 대대에 세우리라 하
셨나이다"(시 89:3-4). 다윗 자신도 이 내용을 언약으로 받아들였
다. 그는 자신의 마지막 말에서 이 사실을 밝힌다. "내 집이 하나
님 앞에 이같지 아니하냐 하나님이 나와 더불어 영원한 언약을 세
우사 만사에 구비하고 견고하게 하셨으니"(삼하 23:5). 유다 왕 아
비얌은 이스라엘 왕 여로보암과 싸울 때 이렇게 말했다. "이스라
엘 하나님 여호와께서 소금 언약으로 이스라엘 나라를 영원히 다
윗과 그의 자손에게 주신 것을 너희가 알 것 아니냐"(대하 13:5). 하
나님은 예레미야 선지자를 통해서도 다윗과 세운 언약에 대해 말
씀하신다. "너희가 능히 낮에 대한 나의 언약과 밤에 대한 나의 언
약을 깨뜨려 주야로 그 때를 잃게 할 수 있을진대 내 종 다윗에게
세운 나의 언약도 깨뜨려 그에게 그의 자리에 앉아 다스릴 아들이

없게 할 수 있겠으며"(렘 33:20-21).

이 다윗 언약에는 언약의 요소가 분명하게 나타난다. 먼저 사람 편에서 하나님의 계명을 지키는 것을 살펴보자. 다윗 언약에 이 요소가 들어 있다는 사실이 솔로몬에게 분명히 드러난다. 다윗은 죽기 전 아들 솔로몬에게 말한다. "네 하나님 여호와의 명령을 지켜 그 길로 행하여 그 법률과 계명과 율례와 증거를 모세의 율법에 기록된 대로 지키라 그리하면 네가 무엇을 하든지 어디로 가든지 형통할지라 여호와께서 내 일에 대하여 말씀하시기를 만일 네 자손들이 그들의 길을 삼가 마음을 다하고 성품을 다하여 진실히 내 앞에서 행하면 이스라엘 왕위에 오를 사람이 네게서 끊어지지 아니하리라 하신 말씀을 확실히 이루게 하시리라"(왕상 2:3-4). 여기서 다윗은 다윗 언약과 관련해 계명을 지키라고 말한 것이 분명하다.

또 하나님도 다윗 언약에 사람 편에서 계명을 지키는 요소가 들어 있음을 솔로몬에게 알려 주신다. 솔로몬이 성전을 건축하고 있을 때 하나님이 말씀하셨다. "네가 지금 이 성전을 건축하니 네가 만일 내 법도를 따르며 내 율례를 행하며 내 모든 계명을 지켜 그대로 행하면 내가 네 아버지 다윗에게 한 말을 네게 확실히 이룰 것이요"(왕상 6:12). 솔로몬이 성전과 왕궁 건축을 마쳤을 때도, 하나님은 다시 그에게 나타나 말씀하신다. "네가 만일 네 아버지 다윗이 행함 같이 마음을 온전히 하고 바르게 하여 내 앞에서 행하며 내가 네게 명령한 대로 온갖 일에 순종하여 내 법도와 율례를 지키면 내가 네 아버지 다윗에게 말하기를 이스라엘의 왕위에 오를 사람이 네게서 끊어지지 아니하리라 한 대로 네 이스라엘의 왕위를 영원히 견고하게 하려니와"(왕상 9:4-5, 참조. 대하 7:17-18).

따라서 다윗 언약에서 사람이 언약을 지킨다는 것은 하나님의 증거(계명)를 지킨다는 의미다. 이 사실은 시편에도 나타난다. "여호와께서 다윗에게 성실히 맹세하셨으니 변하지 아니하실지라 이르시기를 네 몸의 소생을 네 왕위에 둘지라 네 자손이 내 언약과 그들에게 교훈하는 내 증거를 지킬진대 그들의 후손도 영원히 네 왕위에 앉으리라 하셨도다"(시 132:11-12).

그다음 하나님 편에서 인자하심을 베푸시는 것을 살펴보자. 하나님은 다윗과 언약을 세우실 때 이 요소를 직접 언급하신다. "내가 네 앞에서 물러나게 한 사울에게서 내 은총(헤세드)을 빼앗은 것처럼 그에게서 빼앗지는 아니하리라"(삼하 7:15, 참조. 대상 17:13).

따라서 다윗의 생애는 고난이 많았음에도 하나님께서 인자하심을 베푸신 생애였다. 여호와께서 다윗을 모든 대적의 손과 사울의 손에서 구원하신 그 날에 다윗이 부른 노래는 이렇게 끝난다. "여호와께서 그의 왕에게 큰 구원을 주시며 기름부음 받은 자에게 인자를 베푸심이여 영원하도록 다윗과 그 후손에게로다"(삼하 22:51). 솔로몬은 하나님이 언약대로 부친 다윗에게 인자하심을 베푸신 사실을 이렇게 말한다. "주의 종 내 아버지 다윗이 성실과 공의와 정직한 마음으로 주와 함께 주 앞에서 행하므로 주께서 그에게 큰 은혜(헤세드)를 베푸셨고 주께서 또 그를 위하여 이 큰 은혜(헤세드)를 항상 주사 오늘과 같이 그의 자리에 앉을 아들을 그에게 주셨나이다"(왕상 3:6).

솔로몬은 성전을 봉헌할 때 드린 기도에서도 이 같은 사실을 말한다. "이스라엘의 하나님 여호와여 위로 하늘과 아래로 땅에 주와 같은 신이 없나이다 주께서는 온 마음으로 주의 앞에서 행하는 종들에게 언약을 지키시고 은혜(헤세드)를 베푸시나이다 주께서 주의 종 내 아버지 다윗에게 하신 말씀을 지키사 주의 입으로 말씀하신 것을 손으로 이루심이 오늘과 같으니이다"(왕상 8:23-24, 참조. 대하 6:14-15).

이사야 선지자는 다윗 언약에서 하나님이 베푸실 인자하심에 대해 이렇게 말한다. "다윗의 장막에 인자함으로 왕위가 굳게 설 것이요 그 위에 앉을 자는 충실함으로 판결하며 정의를 구하며 공의를 신속히 행하리라"(사 16:5). "너희는 귀를 기울이고 내게로 나아와 들으라 그리하면 너희의 영혼이 살리라 내가 너희를 위하여 영원한 언약을 맺으리니 곧 다윗에게 허락한 확실한 은혜(헤세드)이니라"(사 55:3). 이처럼 우리는 다윗 언약에서 언약의 요소를 분명히 확인할 수 있다.

아브라함 언약

그러면 모세 언약 이전에도 언약의 요소가 나타날까? 여기서 먼저 구분이 필요하다. 모세 언약 이전의 언약 중에서 아담 언약과 노아 언약은 보편적 성격을 갖는다. 타락한 세상의 구속을 위한 아담 언약은 그 대상으로 사단과 인간 전체를 포함한다. 세상의 존속을 위한 노아 언약은 그 대상으로 인간 전체와 창조된 우주 전체를 포함한다. 이 점에서 아담 언약이나 노아 언약은 특수한 집단을 대상으로 하는 모세 언약과 다르다. 따라서 우리가 살펴보아야 하는 것은 아브라함 언약이다. 아브라함 언약에서 하나님은 인간 전체가 아닌 아브라함과 그 후손을 다루기 시작하신다. 이렇게 좁혀진 대상은 모세 언약과 다윗 언약으로 이어진다.

아브라함 언약은 창세기 15장과 17장에 나타난다. "그 날에 여호와께서 아브람과 더불어 언약을 세워 이르시되 내가 이 땅을 애굽 강에서부터 그 큰 강 유브라데까지 네 자손에게 주노니"(창 15:18). 이 언약은 여러 해가 지나 아브람이 구십구 세 때 다시 확대된 내용으로 주어진다. "내가 내 언약을 나와 너 사이에 두어 너를 크게 번성하게 하리라 … 보라 내 언약이 너와 함께 있으니 너는 여러 민족의 아버지가 될지라 … 내가 내 언약을 나와 너 및 네 대대 후손 사이에 세워서 영원한 언약을 삼고 너와 네 후손의 하나님이 되리라"(창 17:2, 4, 7). 그런데 여기에는 이런 명령이 따른다. "그런즉 너는 내 언약을 지키고 네 후손도 대대로 지키라 너희 중 남자는 다 할례를 받으라 이것이 나와 너희와 너희 후손 사이에 지킬 내 언약이니라"(창 17:9-10).

따라서 아브라함 언약에서 그와 그 후손이 언약을 지키는 길은 할례를 받는 것이다. 그렇다면 할례를 받는 것의 의미는 무엇일까? 그 의미는 모세를 통해 분명히 드러난다. 할례를 받는 것은 마음에 할례를 행하는 것으로서, 여호와의 명령과 규례를 지키는 것을 의미한다. "이스라엘아 네 하나님 여호와께서 네게 요구하시는 것이 무엇이냐 곧 네 하나님 여호와를 경외하여 그의 모든 도를 행하고 그를 사랑하며 마음을 다하고 뜻을 다하여 네 하나님 여호와를 섬기고 내가 오늘 네 행복을 위하여 네게 명하는 여호와의 명령과 규례를 지킬 것이 아니냐 하늘과 모든 하늘의 하늘과 땅과 그 위의 만물은 본래 네 하나님 여호와께 속한 것이로되 여호와께서 오직 네 조상들을 기뻐하시고 그들을 사랑하사 그들의 후손인 너희를 만민 중에서 택하셨음이 오늘과 같으니라 그러므로 너희는 마음에 할례를 행하고 다시는 목을 곧게 하지 말라"(신 10:12-

16). "네 하나님 여호와께서 네 마음과 네 자손의 마음에 할례를 베푸사 너로 마음을 다하며 뜻을 다하여 네 하나님 여호와를 사랑하게 하사 너로 생명을 얻게 하실 것이며 네 하나님 여호와께서 네 적군과 너를 미워하고 핍박하던 자에게 이 모든 저주를 내리게 하시리니 너는 돌아와 다시 여호와의 말씀을 청종하고 내가 오늘 네게 명령하는 그 모든 명령을 행할 것이라"(신 30:6-8).

반대로 할례받지 아니한 마음은 여호와의 법도를 싫어하고 여호와의 규례를 멸시하는 것을 의미한다. "나도 그들에게 대항하여 내가 그들을 그들의 원수들의 땅으로 끌어갔음을 깨닫고 그 할례받지 아니한 그들의 마음이 낮아져서 그들의 죄악의 형벌을 기쁘게 받으면 내가 야곱과 맺은 내 언약과 이삭과 맺은 내 언약을 기억하며 아브라함과 맺은 내 언약을 기억하고 그 땅을 기억하리라 그들이 내 법도를 싫어하며 내 규례를 멸시하였으므로 그 땅을 떠나서 사람이 없을 때에 그 땅은 황폐하여 안식을 누릴 것이요 그들은 자기 죄악의 형벌을 기쁘게 받으리라"(레 26:41-43).

아브라함도 할례의 이러한 의미를 전혀 몰랐다고 볼 수 없다. 하나님이 아브라함에게 할례의 언약을 주실 때 이렇게 말씀하셨기 때문이다. "나는 전능한 하나님이라 너는 내 앞에서 행하여 완전하라"(창 17:1). 언약에서 주어진 약속의 성취를 경험하기 위해 아브라함에게는 전적인 순종이 필요했다(창 18:19 참조). 이러한 순종을 가능하게 하는 것이 진정한 할례, 즉 마음의 할례였다. 그래서 예레미야 선지자는 유다 백성들에게 이렇게 말했다. "유다인과 예루살렘 주민들아 너희는 스스로 할례를 행하여 너희 마음 가죽을 베고 나 여호와께 속하라 그리하지 아니하면 너희 악행으로 말미암아 나의 분노가 불 같이 일어나 사르리니 그것을 끌 자가 없으리라"(렘 4:4).

할례가 마음에 행하는 것으로서 여호와의 명령과 규례를 지키는 것을 의미한다는 점은 신약성경에서도 나타난다. 스데반은 공회에 잡혀가 유대인들에게 이렇게 말했다. "목이 곧고 마음과 귀에 할례를 받지 못한 사람들아 너희도 너희 조상과 같이 항상 성령을 거스르는도다 너희 조상들이 선지자들 중의 누구를 박해하지 아니하였느냐 의인이 오시리라 예고한 자들을 그들이 죽였고 이제 너희는 그 의인을 잡아 준 자요 살인한 자가 되나니 너희는 천사가 전한 율법을 받고도 지키지 아니하였도다"(행 7:51-53). 유대인들은 마음에 할례를 받지 않았기에 율법을 지키지 않은 것이다.

그래서 사도 바울도 로마서에서 유대인들에게 이렇게 말한 것이다. "네가 율법을 행하면 할례가 유익하나 만일 율법을 범하면 네 할례는 무할례가 되느니라 … 무릇 표면적 유대인이 유대인이 아니요 표면적 육신의 할례가 할례가 아니니라 오직 이면적 유대인이 유대인이며 할례는 마음에 할지니 영에 있고 율법 조문에 있지 아니한 것이라 그 칭찬이 사람에게서가 아니요 다만 하나님에게서니라"(롬 2:25, 28-29). 바울은 육신에 할례를 받았지만 율법을 범하는 유대인들이 마음에 할례를 받아, 율법을 행하는 자가 되어야 함을 말한 것이다.

바울은 할례의 진정한 의미가 계명을 지키는 데 있다고 보았다. 그는 이렇게 말했다. "할례 받는 것도 아무 것도 아니요 할례 받지 아니하는 것도 아무 것도 아니로되 오직 하나님의 계명을 지킬 따름이니라"(고전 7:19). "할례를 받은 그들이라도 스스로 율법은 지키지 아니하고 너희에게 할례를 받게 하려 하는 것은 그들이 너희의 육체로 자랑하려 함이라"(갈 6:13).

이처럼 할례를 받는 것은 마음의 할례로서 율법을 지키는 것을 의미한다. 따라서 아브라함 편에서 언약을 지키는 것으로서 할례를 받는 것은 사실상 율법을 지키는 것과 같다. 이 사실은 하나님이 이삭에게 하신 말씀에서 확인된다. "이는 아브라함이 내 말을 순종하고 내 명령과 내 계명과 내 율례와 내 법도를 지켰음이라"(창 26:5). 모세는 아브라함의 순종을 율법(명령, 계명, 율례, 법도)을 지킨 것으로 말한 것이다. 이것은 하나님이 아브라함에게 하신 말씀과 관련이 있다. "또 네 씨로 말미암아 천하 만민이 복을 받으리니 이는 네가 나의 말을 준행하였음이니라"(창 22:18). 결국 아브라함 언약에도 사람 편에서 계명을 지키는 요소가 들어 있다.

또 아브라함 언약에서도 하나님 편에서 인자하심을 베푸신 것이 나타난다. 하나님은 소돔을 멸하실 때 아브라함의 조카 롯을 성 밖에 두심으로써 구해 주신다. 그때 롯이 말했다. "주의 종이 주께 은혜를 입었고 주께서 큰 인자(헤세드)를 내게 베푸사 내 생명을 구원하시오나"(창 19:19). 그런데 성경은 하나님이 롯에게 이렇게 하신 이유를 말해 준다. "하나님이 그 지역의 성을 멸하실 때 곧 롯이 거주하는 성을 엎으실 때에 하나님이 아브라함을 생각하사 롯을 그 엎으시는 중에서 내보내셨더라"(창 19:29). 따라서 하나님이 롯에게 베푸신 "큰 인자"는 사실상 아브라함에게 베푸신 것이다.

또 아브라함의 종은 기도한 대로 리브가를 만났을 때 하나님을 찬송한다. "나의 주인 아브라함의 하나님 여호와를 찬송하나이다 나의 주인에게 주의 사랑(헤세드)과 성실을 그치지 아니하셨사오며 여호와께서 길에서 나를 인도하사 내 주인의 동생 집에 이르게 하셨나이다"(창 24:27). 하나님은 자식이 없던 아브라함에게 이삭뿐 아니라 이삭의 아내까지 주심으로써 계속해서 인자하심을 베푸셨다.

미가서는 이스라엘의 소망에 관한 말씀으로 끝난다. "주께서 옛적에 우리 조상들에게 맹세하신 대로 야곱에게 성실을 베푸시며 아브라함에게 인애(헤세드)를 더하시리이다"(미 7:20). 이처럼 아브라함 언약에도 하나님 편에서 인자하심을 베푸신 것이 나타난다.

그러므로 모세 언약부터 일정한 형태로 나타나는 언약의 요소는 사실상 아브라함 언약에서도 똑같이 나타난다. 이런 점에서, 아브라함 언약, 모세 언약, 다윗 언약에는 통일성이 존재한다.

핵심 질문

1 사무엘하 7장에는 언약이라는 말이 사용되지 않았는데, 그 내용이 다윗 언약임을 어떻게 알 수 있는가?

2 다윗 언약에서 언약의 요소는 어떻게 나타나는가?

3 아브라함 언약에서 할례받는 것의 의미는 무엇인가?

4 아브라함 언약에서 언약의 요소는 어떻게 나타나는가?

04

언약의 조건성

● 그들이 나를 거스른 잘못으로 자기의 죄악과 그들의 조상의 죄악을 자복하고 또 그들이 내게 대항하므로 나도 그들에게 대항하여 내가 그들을 그들의 원수들의 땅으로 끌어갔음을 깨닫고 그 할례 받지 아니한 그들의 마음이 낮아져서 그들의 죄악의 형벌을 기쁘게 받으면 내가 야곱과 맺은 내 언약과 이삭과 맺은 내 언약을 기억하며 아브라함과 맺은 내 언약을 기억하고 그 땅을 기억하리라 그들이 내 법도를 싫어하며 내 규례를 멸시하였으므로 그 땅을 떠나서 사람이 없을 때에 그 땅은 황폐하여 안식을 누릴 것이요 그들은 자기 죄악의 형벌을 기쁘게 받으리라 그런즉 그들이 그들의 원수들의 땅에 있을 때에 내가 그들을 내버리지 아니하며 미워하지 아니하며 아주 멸하지 아니하고 그들과 맺은 내 언약을 폐하지 아니하리니 나는 여호와 그들의 하나님이 됨이니라

_ 레 26:40-44

● 만일 그의 자손이 내 법을 버리며 내 규례대로 행하지 아니하며 내 율례를 깨뜨리며 내 계명을 지키지 아니하면 내가 회초리로 그들의 죄를 다스리며 채찍으로 그들의 죄악을 벌하리로다 그러나 나의 인자함을 그에게서 다 거두지는 아니하며 나의 성실함도 폐하지 아니하며 내 언약을 깨뜨리지 아니하고 내 입술에서 낸 것은 변하지 아니하리로다 내가 나의 거룩함으로 한 번 맹세하였은즉 다윗에게 거짓말을 하지 아니할 것이라 그의 후손이 장구하고 그의 왕위는 해 같이 내 앞에 항상 있으며 또 궁창의 확실한 증인인 달 같이 영원히 견고하게 되리라 하셨도다 _ 시 89:30-37

그 동안 살펴본 언약의 요소에 따르면 언약은 조건적이다. 언약의 요소에는 하나님 편에서 인자하심을 베푸시는 것뿐 아니라 사람 편에서 계명을 지키는 것이 포함되기 때문이다. 하나님은 누구에게나 인자하심을 베푸시는 게 아니다. 하나님은 계명을 지키는 자에게 인자하심을 베푸신다. 이것이 언약이다. 물론 여기서 언약은 은혜 언약 가운데 특수한 집단을 대상으로 한다. 여기에는 아브라함 언약, 모세 언약, 다윗 언약, 새 언약 등이 포함된다. 그런데

이러한 언약이 조건적이라고 할 때 우리는 두 가지 점에 유의해야
한다.

조건적 언약의 의미

첫째, 조건이라는 말은 공로의 의미가 아닌 방편의 의미다. 언
약이 조건적인지 무조건적인지의 문제는 17세기에 많은 논쟁을
일으켰다. 17세기 후반 제네바대학의 신학 교수이자 베자의 후계
자였던 프랑수아 투레티니(Francois Turrettini)는 이 문제에 대한
해결책을 제시했다. 그의 설명에 따르면, 조건이라는 말은 두 가지
의미로 이해가 가능하다. 만일 조건을 공로의 의미로 이해한다면,
은혜 언약은 조건적이지 않다. 그러나 만일 조건을 방편의 의미로
이해한다면, 은혜 언약은 조건적이다.[04] 따라서 언약이 조건적이
라고 할 때 그것은 공로의 의미가 아닌 방편의 의미로 이해되어야
한다.

우리가 계명을 지킨 공로로 하나님이 우리에게 인자하심을 베
푸시는 게 아니다. 우리가 계명을 지키는 것은 하나님이 우리에게

---

04 Golding, *Covenant Theology*, 137.

인자하심을 베푸시는 데 아무런 영향을 주지 못한다. 우리가 계명을 지키는 것 자체가 하나님의 은혜로 가능한 것이기 때문이다. 그 대신 하나님은 계명을 지키는 우리에게 인자하심 베푸시는 것을 기뻐하신다. 이것은 하나님이 우리가 계명을 지키는 것을 방편으로 인자하심을 베푸신다는 의미다. 하나님은 우리가 그분의 계명을 지킴으로써 그분의 인자하심을 얻게 하신다. 여기에는 우리로 하여금 계명을 지키게 하려는 하나님의 분명한 의도가 들어 있다. 하나님은 언약을 통해 우리가 그분의 계명을 지키도록 동기부여를 하신다. 이처럼 언약은 계명을 지키는 순종까지 포함하는 개념이다. 피터 골딩(Peter Golding)은 말한다.

> ● 은혜 언약에 대해서, 루터교의 독특한 견해는 믿음만이 언약의 조건으로 인정된다는 사실에서 나타난다. 그러나 개혁파 신학자들은 여기에 주저 없이 새로운 순종도 추가한다. 그러면서 칭의는 믿음만으로 되지만 언약은 훨씬 더 넓다고 말한다.[05]

우리는 언약을 통해 계명을 지키는 것이 신자의 삶에서 여전히 중요함을 보게 된다. 계명을 지키는 것은 하나님의 인자하심을 얻

---

05 Golding, *Covenant Theology*, 11.

기 위해 필요한 공로로서 중요한 것이 아니다. 이것은 계명을 지키는 것이 의롭다 하심을 얻기 위해 필요한 공로로서 중요한 것이 아닌 것과 같다. 계명을 지키는 것은 하나님의 인자하심을 얻게 하는 방편으로서 중요하다. 우리는 계명을 지킬 때 하나님이 우리에게 인자하심을 베푸실 것을 기대할 수 있다. 이때 계명(율법)은 필립 멜란히톤(Philipp Melanchthon)이 말한 대로 "율법의 세 번째 용도"(교훈적 용도)에 해당한다. 그것은 신자의 삶을 위한 규칙으로 사용되는 율법을 말한다.

그렇지만 이 경우라도 율법이 할 수 없는 것이 있음을 기억할 필요가 있다. 율법은 우리가 어떻게 살아야 할지 지시하고 명령할 수 있다. 율법은 우리에게 도덕적 지침을 줄 수 있지만, 그 지침대로 살 수 있는 힘은 줄 수 없다. 우리가 율법의 지침대로 살 수 있도록 마음을 움직이고 동기를 부여하는 것은 성령의 일이다. 그래서 사도 바울은 율법의 행위로 의롭다 하심을 얻으려는 사람들에게 이렇게 말한 것이다. "너희에게 성령을 주시고 너희 가운데서 능력을 행하시는 이의 일이 율법의 행위에서냐 혹은 듣고 믿음에서냐"(갈 3:5).

언약의 무조건성

둘째, 성경에서 언약은 어떤 점에서는 조건적이고, 어떤 점에서는 무조건적이다. 우선 아브라함 언약이 그렇다. 우리는 아브라함 언약이 조건적임을 이미 살펴보았다. 그런데 아브라함 언약은 어떤 점에서 무조건적이기도 하다. 이 사실을 보여주는 구절이 있다. 우선 레위기 26장 42-44절을 보자. "내가 야곱과 맺은 내 언약과 이삭과 맺은 내 언약을 기억하며 아브라함과 맺은 내 언약을 기억하고 그 땅을 기억하리라 그들이 내 법도를 싫어하며 내 규례를 멸시하였으므로 그 땅을 떠나서 사람이 없을 때에 그 땅은 황폐하여 안식을 누릴 것이요 그들은 자기 죄악의 형벌을 기쁘게 받으리라 그런즉 그들이 그들의 원수들의 땅에 있을 때에 내가 그들을 내버리지 아니하며 미워하지 아니하며 아주 멸하지 아니하고 그들과 맺은 내 언약을 폐하지 아니하리니 나는 여호와 그들의 하나님이 됨이니라." 이 말씀에 따르면, 이스라엘은 하나님의 법도와 규례를 지키지 않아 대적의 땅으로 끌려갈 것이다. 그럴지라도 하나님은 아브라함과 맺은 언약을 생각하여 이스라엘을 아주 멸하지 않고 결국 그들의 땅으로 돌아오게 하실 것이다. 이 점에서 아브라함 언약은 무조건적이다.

그다음 열왕기하 13장 22-23절이 있다. "여호아하스 왕의 시대에 아람 왕 하사엘이 항상 이스라엘을 학대하였으나 여호와께서 아브라함과 이삭과 야곱과 더불어 세우신 언약 때문에 이스라엘에게 은혜를 베풀며 그들을 불쌍히 여기시며 돌보사 멸하기를 즐겨하지 아니하시고 이 때까지 자기 앞에서 쫓아내지 아니하셨더라." 아람 왕 하사엘이 이스라엘을 학대한 이유는 이스라엘이 여로보암의 죄에서 떠나지 않음으로 여호와께서 노를 발하셨기 때문이다(왕하 13:2-3). 그런데도 여호와께서는 아브라함과 더불어 세우신 언약 때문에 이스라엘을 멸하시지 않았다. 이 점에서 아브라함 언약은 무조건적이다.

또 미가 7장 18-20절도 있다. "주와 같은 신이 어디 있으리이까 주께서는 죄악과 그 기업에 남은 자의 허물을 사유하시며 인애를 기뻐하시므로 진노를 오래 품지 아니하시나이다 다시 우리를 불쌍히 여기셔서 우리의 죄악을 발로 밟으시고 우리의 모든 죄를 깊은 바다에 던지시리이다 주께서 옛적에 우리 조상들에게 맹세하신 대로 야곱에게 성실을 베푸시며 아브라함에게 인애를 더하시리이다." 미가는 이 말씀 앞에서 이스라엘이 여호와께 범죄하여 포로로 끌려갔을지라도 다시 돌아오게 될 것을 말한다(미 7:8-13). 그렇게 될 것은 주께서 아브라함에게 인애(인자하심)를 더하실 것이기 때문이다. 이것은 이스라엘이 죄를 지었음에도 하나님은 그들을 아브라함과 맺은 언약에 따라 다루실 것을 의미한다. 이 점에서 아브라함 언약은 무조건적이다.

이처럼 아브라함 언약은 어떤 경우에도 취소되지 않고 궁극적으로 성취될 것이라는 점에서 무조건적이다. "너희는 그의 언약 곧 천 대에 명령하신 말씀을 영원히 기억할지어다 이것은 아브라함에게 하신 언약이며 이삭에게 하신 맹세이며 이는 야곱에게 세우신 율례 곧 이스라엘에게 하신 영원한 언약이라 이르시기를 내가 가나안 땅을 네게 주어 너희 기업의 지경이 되게 하리라 하셨도다"(대상 16:15-18; 시 105:8-11).

그다음 다윗 언약도 그렇다. 다윗 언약 역시 어떤 점에서는 조건적이지만, 어떤 점에서는 무조건적이다. 이 사실은 하나님께서 다윗과 언약을 세우시는 장면에서 이미 드러난다. 하나님은 다윗의 후손에 대해 이렇게 말씀하신다. "그가 만일 죄를 범하면 내가 사람의 매와 인생의 채찍으로 징계하려니와 내가 네 앞에서 물러나게 한 사울에게서 내 은총을 빼앗은 것처럼 그에게서 빼앗지는 아니하리라 네 집과 네 나라가 내 앞에서 영원히 보전되고 네 왕위가 영원히 견고하리라"(삼하 7:14-16).

같은 사실이 시편 89편에서도 나타난다. 시편 기자는 다윗 언약이 조건적임을 이렇게 말했다. "만일 그의 자손이 내 법을 버리며 내 규례대로 행하지 아니하며 내 율례를 깨뜨리며 내 계명을 지키지 아니하면 내가 회초리로 그들의 죄를 다스리며 채찍으로 그들의 죄악을 벌하리로다"(30-32절). 다윗의 자손이 하나님의 법과 규례와 율례와 계명을 지키지 않으면 축복을 경험할 수 없다. 그런데 바로 다음에 이어지는 말씀이 있다. "그러나 나의 인자함을 그에게서 다 거두지는 아니하며 나의 성실함도 폐하지 아니하며 내 언약을 깨뜨리지 아니하고 내 입술에서 낸 것은 변하지 아니하리로다 내가 나의 거룩함으로 한 번 맹세하였은즉 다윗에게 거짓말을 하지 아니할 것이라 그의 후손이 장구하고 그의 왕위는 해 같이 내 앞에 항상 있으며 또 궁창의 확실한 증인인 달 같이 영원히 견고하게 되리라 하셨도다"(33-37절). 다윗의 자손이 계명을 지키지 않을 경우 하나님은 그들을 징계하실 것이다. 그러나 다윗과 세운 언약을 파하시지 않을 것이다. 그래서 다윗의 위는 후손을 통해 영원히 견고하게 될 것이다. 이 점에서 다윗 언약은 무조건적이다.

또 성경은 다윗의 자손인 여호람 왕에 대해 이렇게 말한다. "그가 이스라엘 왕들의 길로 행하여 아합의 집과 같이 하였으니 이는 아합의 딸이 그의 아내가 되었음이라 그가 여호와 보시기에 악을 행하였으나 여호와께서 다윗의 집을 멸하기를 즐겨하지 아니하셨음은 이전에 다윗과 더불어 언약을 세우시고 또 다윗과 그의 자손에게 항상 등불을 주겠다고 말씀하셨음이더라"(대하 21:6-7). 여호람 왕이 아합의 집과 같이 행하였음에도 하나님은 다윗의 집을 멸하시지 않았다. 다윗과 더불어 세우신 언약 때문이다.

　이런 예가 열왕기에 두 번 더 나온다. 하나는 솔로몬의 경우다. 솔로몬이 다른 신을 좇지 말라는 여호와의 명령을 지키지 않자 여호와께서 말씀하신다. "네게 이러한 일이 있었고 또 네가 내 언약과 내가 네게 명령한 법도를 지키지 아니하였으니 내가 반드시 이 나라를 네게서 빼앗아 네 신하에게 주리라"(왕상 11:11). 그런데 하나님이 다시 말씀하신다. "오직 내 종 다윗을 위하고 이스라엘 모든 지파 중에서 택한 성읍 예루살렘을 위하여 한 지파를 솔로몬에게 주리니 … 그의 아들에게는 내가 한 지파를 주어서 내가 거기에 내 이름을 두고자 하여 택한 성읍 예루살렘에서 내 종 다윗이 항상 내 앞에 등불을 가지고 있게 하리라"(왕상 11:32, 36). 또 하나는 유다 왕 아비얌의 경우다. "아비얌이 그의 아버지가 이미 행한 모든 죄를 행하고 그의 마음이 그의 조상 다윗의 마음과 같지 아니하여 그의 하나님 여호와 앞에 온전하지 못하였으나 그의 하나님 여호와께서 다윗을 위하여 예루살렘에서 그에게 등불을 주시되 그의 아들을 세워 뒤를 잇게 하사 예루살렘을 견고하게 하셨으니"(왕상 15:3-4). 이 점에서 다윗 언약은 무조건적임이 드러난다.

　이처럼 다윗 언약은 어떤 경우에도 취소되지 않고 궁극적으로 성취될 것이라는 점에서 무조건적이다. 하나님은 말씀하신다. "너희가 능히 낮에 대한 나의 언약과 밤에 대한 나의 언약을 깨뜨려 주야로 그 때를 잃게 할 수 있을진대 내 종 다윗에게 세운 나의 언약도 깨뜨려 그에게 그의 자리에 앉아 다스릴 아들이 없게 할 수 있겠으며 내가 나를 섬기는 레위인 제사장에게 세운 언약도 파할 수 있으리라"(렘 33:20-21).

이처럼 아브라함 언약과 다윗 언약은 어떤 점에서 사람이 조건을 어기더라도 지속될 것이 분명하다. 이 점에서 두 언약은 무조건적이다. 그런데 모세 언약에는 이러한 무조건성이 나타나지 않는다. 왜 그럴까? 그 이유는 모세 언약이 원래 목적상 지속되지 않을 것이라는 데 있다. 토마스 R. 슈라이너(Thomas R. Schreiner)는 이 점을 잘 설명한다.

● 이스라엘과의 언약은 매우 다른데, 우리가 궁극적인 성취에 대한 어떤 약속도 찾을 수 없기 때문이다. 실제로 우리는 새 언약을 논의할 때 보겠지만, 이스라엘과의 언약은 쇠퇴를 이미 내포하고 있다. 이스라엘과의 언약은 영원히 지속되도록 의도되지 않았다. 이 언약의 일시적 특성의 한 이유는 한 민족으로서의 이스라엘에 대한 초점 때문이다.[06]

---

06 토마스 R. 슈라이너, 『언약으로 성경 읽기』, 임요한 역(서울: 기독교문서선교회, 2020), p.108.

여기 "이스라엘과의 언약"은 모세 언약을 말한다. 모세 언약은 새 언약이 주어질 때까지 지속될 것이다. 일찍이 예레미야 선지자가 이 사실을 예고했다(렘 31:31-34). 그리고 이와 관련해 히브리서 기자는 이렇게 말한다. "저 첫 언약이 무흠하였더라면 둘째 것을 요구할 일이 없었으려니와 그들의 잘못을 지적하여 말씀하시되 주께서 이르시되 볼지어다 날이 이르리니 내가 이스라엘 집과 유다 집과 더불어 새 언약을 맺으리라 … 새 언약이라 말씀하셨으매 첫 것은 낡아지게 하신 것이니 낡아지고 쇠하는 것은 없어져 가는 것이니라"(히 8:7-8, 13). 하나님은 처음부터 첫 언약, 즉 모세 언약을 지속시킬 목적으로 주시지 않았다.

이런 이유로 모세 언약에는 무조건성이 나타나지 않는다. 그렇지만 아브라함 언약이나 다윗 언약에는 조건성과 동시에 무조건성이 나타난다. 따라서 언약이 조건적이라고 할 때, 우리는 아브라함 언약과 다윗 언약에는 무조건적 요소가 있음도 기억해야 한다.

이처럼 언약의 조건성을 말할 때 두 가지 점에 유의해야 한다. 하나는 조건이라는 말이 공로적 차원이 아닌 방편적 차원에서 이해되어야 한다는 점이다. 또 하나는 언약이 어떤 점에서는 조건적이고, 어떤 점에서는 무조건적이라는 것이다. 이것이 의미하는 바는 무엇일까? 언약의 조건성을 말한다고 해서, 하나님의 주권적 은혜가 침해되는 것은 아니라는 의미다.

핵심 질문

1 언약이 조건적이라고 할 때 조건의 의미는 무엇인가?

2 계명을 지키는 것이 신자의 삶에서 중요한 이유는 무엇인가?

3 멜란히톤이 말한 "율법의 세 번째 용도"(교훈적 용도)는 무엇인가?

4 성경에서 아브라함 언약과 다윗 언약의 무조건성은 어떻게 나타나는가?

5 모세 언약에는 무조건성이 나타나지 않는데 이유가 무엇인가?

COVENANT & COMMUNION

05

언약과 경외

⋮

● 여호와의 인자하심은 자기를 경외하는 자에게 영
원부터 영원까지 이르며 그의 의는 자손의 자손에게 이르리니
곧 그의 언약을 지키고 그의 법도를 기억하여 행하는 자에게로다

_ 시 103:17-18

시편 103편에서 다윗은 여호와께서 자기를 경외하는 자에게
어떻게 행하시는지 반복해서 말한다. "이는 하늘이 땅에서 높음
같이 그를 경외하는 자에게 그의 인자하심이 크심이로다"(11절).
"아버지가 자식을 긍휼히 여김 같이 여호와께서는 자기를 경외하
는 자를 긍휼히 여기시나니"(13절). "여호와의 인자하심은 자기를
경외하는 자에게 영원부터 영원까지 이르며 그의 의는 자손의 자
손에게 이르리니"(17절). 그런 다음 다윗은 여호와를 경외하는 자

가 누구인지 밝힌다. "곧 그의 언약을 지키고 그의 법도를 기억하여 행하는 자에게로다"(18절). 여호와를 경외하는 자는 "그의 언약을 지키고 그의 법도를 기억하여 행하는 자"다. 여기서 우리는 경외가 언약과 무관하지 않음을 알 수 있다.

이 사실은 본문 외에도 성경의 여러 곳에서 나타난다. "내가 그들에게 복을 주기 위하여 그들을 떠나지 아니하리라 하는 영원한 언약을 그들에게 세우고 나를 경외함을 그들의 마음에 두어 나를 떠나지 않게 하고"(렘 32:40). "레위와 세운 나의 언약은 생명과 평강의 언약이라 내가 이것을 그에게 준 것은 그로 경외하게 하려 함이라 그가 나를 경외하고 내 이름을 두려워하였으며"(말 2:5). "또 내가 너희와 세운 언약을 잊지 말며 다른 신들을 경외하지 말고 오직 너희 하나님 여호와만을 경외하라 그가 너희를 모든 원수의 손에서 건져내리라 하셨으나"(왕하 17:38-39). "여호와의 친밀하심이 그를 경외하는 자들에게 있음이여 그의 언약을 그들에게 보이시리로다"(시 25:14). "여호와께서 자기를 경외하는 자들에게 양식을 주시며 그의 언약을 영원히 기억하시리로다"(시 111:5).

그러면 경외(敬畏, 공경하면서 두려워함)는 무엇일까? 하나님께 대한 경외는 신자가 하나님께 갖는 두려움을 말한다. 이것은 단지 형벌에 대한 두려움이 아니라 하나님의 진노에 대한 두려움이다. 이것은 하나님에 대한 무지에서 오는 두려움이 아니라 거룩하신 하나님을 아는 데서 오는 두려움이다. 잠언 9장 10절은 말한다. "여호와를 경외하는 것이 지혜의 근본이요 거룩하신 자를 아는 것이 명철이니라." 따라서 하나님에 대한 경외는 종의 비굴하고 강요된 두려움이 아니라 아들의 자발적인 두려움이다. 그러기에 이 두려움은 하나님이 미워하시는 것을 미워하고 하나님이 기뻐하시는 것을 기뻐하는 것으로 나타난다. 다시 말하면, 하나님을 경외하는 것은 악을 미워하고 하나님의 계명을 기뻐하는 것으로 나타난다.

악을 미워하는 경외

우선 하나님을 경외하는 것은 악을 미워하는 것이다. 하나님이 악을 미워하시기 때문이다. "여호와를 경외하는 것은 악을 미워하는 것이라 나는 교만과 거만과 악한 행실과 패역한 입을 미워하느니라"(잠 8:13). 따라서 하나님을 경외하는 자가 악을 떠나는 것은 당연하다. 사람은 하나님을 경외함으로써 악에서 떠나게 된다. 하나님을 경외하는 것 말고 달리 악에서 떠날 방도는 없다.

이 사실을 보여주는 성경 구절은 많다. "모세가 백성에게 이르되 두려워하지 말라 하나님이 임하심은 너희를 시험하고 너희로 경외하여 범죄하지 않게 하려 하심이니라"(출 20:20). "또 사람에게 말씀하셨도다 보라 주를 경외함이 지혜요 악을 떠남이 명철이니라"(욥 28:28). "스스로 지혜롭게 여기지 말지어다 여호와를 경외하며 악을 떠날지어다"(잠 3:7). "지혜로운 자는 두려워하여 악을 떠나나"(잠 14:16). "인자와 진리로 인하여 죄악이 속하게 되고 여호와를 경외함으로 말미암아 악에서 떠나게 되느니라"(잠 16:6). "그런즉 사랑하는 자들아 이 약속을 가진 우리는 하나님을 두려워하는 가운데서 거룩함을 온전히 이루어 육과 영의 온갖 더러운 것에서 자신을 깨끗하게 하자"(고후 7:1).

성경에는 하나님을 경외함으로써 악에서 떠난 사람이 여럿 나온다. 우선 요셉이 있다. 보디발의 아내가 유혹하자 요셉은 "이 집에는 나보다 큰 이가 없으며 주인이 아무것도 내게 금하지 아니하였어도 금한 것은 당신뿐이니 당신은 그의 아내임이라 그런즉 내가 어찌 이 큰 악을 행하여 하나님께 죄를 지으리이까"(창 39:9)라고 말한다. 다음으로 히브리 산파들이 있다. "그러나 산파들이 하나님을 두려워하여 애굽 왕의 명령을 어기고 남자 아기들을 살린지라"(출 1:17). 또 오바댜가 있다. "아합이 왕궁 맡은 자 오바댜를 불렀으니 이 오바댜는 여호와를 지극히 경외하는 자라 이세벨이 여호와의 선지자들을 멸할 때에 오바댜가 선지자 백 명을 가지고 오십 명씩 굴에 숨기고 떡과 물을 먹였더라"(왕상 18:3-4). 여호사밧은 당시 재판관들에게 이렇게 당부했다. "그런즉 너희는 여호와

를 두려워하는 마음으로 삼가 행하라 우리의 하나님 여호와께서
는 불의함도 없으시고 치우침도 없으시고 뇌물을 받는 일도 없으
시니라"(대하 19:7). 느헤미야는 자신에 대해 이렇게 말했다. "나보
다 먼저 있었던 총독들은 백성에게서, 양식과 포도주와 또 은 사
십 세겔을 그들에게서 빼앗았고 또한 그들의 종자들도 백성을 압
세하였으나 나는 하나님을 경외하므로 이같이 행하지 아니하고"
(느 5:15). 욥은 하나님을 경외하여 악에서 떠난 대표적 인물이다.
"우스 땅에 욥이라 불리는 사람이 있었는데 그 사람은 온전하고
정직하여 하나님을 경외하며 악에서 떠난 자더라"(욥 1:1, 참조. 1:8;
2:3).

　반대로 하나님을 경외하지 않는 자는 악에서 떠나지 않을 것이
다. "악인의 죄가 그의 마음속으로 이르기를 그의 눈에는 하나님
을 두려워하는 빛이 없다 하니 그가 스스로 자랑하기를 자기의 죄
악은 드러나지 아니하고 미워함을 받지도 아니하리라 함이로다
그의 입에서 나오는 말은 죄악과 속임이라 그는 지혜와 선행을 그
쳤도다 그는 그의 침상에서 죄악을 꾀하며 스스로 악한 길에 서고
악을 거절하지 아니하는도다"(시 36:1-4). 악인이 죄악과 속임의
말을 하고, 침상에서 죄악을 꾀하며, 악한 길에 서는 근본적인 이
유는, 하나님을 두려워하지 않기 때문이다. 하나님을 경외하지 않
을 때 악을 행하게 되는 것은 성경이 보여주는 중요한 원리다. "정

직하게 행하는 자는 여호와를 경외하여도 패역하게 행하는 자는 여호와를 경멸하느니라"(잠 14:2). "내가 심판하러 너희에게 임할 것이라 점치는 자에게와 간음하는 자에게와 거짓 맹세하는 자에게와 품꾼의 삯에 대하여 억울하게 하며 과부와 고아를 압제하며 나그네를 억울하게 하며 나를 경외하지 아니하는 자들에게 속히 증언하리라 만군의 여호와가 말하였느니라"(말 3:5).

또 느헤미야 당시의 지도층은 하나님을 경외하지 않았기에 고리대금으로 동족을 착취했다. "내가 백성의 부르짖음과 이런 말을 듣고 크게 노하였으나 깊이 생각하고 귀족들과 민장들을 꾸짖어 그들에게 이르기를 너희가 각기 형제에게 높은 이자를 취하는도다 하고 대회를 열고 그들을 쳐서 그들에게 이르기를 우리는 이방인의 손에 팔린 우리 형제 유다 사람들을 우리의 힘을 다하여 도로 찾았거늘 너희는 너희 형제를 팔고자 하느냐 더구나 우리의 손에 팔리게 하겠느냐 하매 그들이 잠잠하여 말이 없기로 내가 또 이르기를 너희의 소행이 좋지 못하도다 우리의 대적 이방 사람의 비방을 생각하고 우리 하나님을 경외하는 가운데 행할 것이 아니냐"(느 5:6-9).

하나님을 경외하면 악에서 떠나게 된다는 것을 명심해야 한다. 하나님을 경외하지 않으면 사람이 보지 않는 곳에서 언행이 달라지고 거짓말을 가볍게 여긴다. 우리는 종종 경건해 보이던 사람들의 탈선과 추문을 접하곤 한다. 그들은 유명한 설교자나 찬양사역자일 수 있고, 유명한 전도자나 기도의 사람일 수도 있다. 그래서 그들의 탈선과 추문은 우리를 곤혹스럽게 한다. 그러나 우리가 기억해야 할 것이 있다. 하나님을 경외하지 않는 설교, 찬양, 기도, 전도는 그 사람을 악에서 떠나게 하지 못한다는 것이다. 오히려 그러한 설교, 찬양, 기도, 전도는 그 사람을 교만과 위선에 빠지게 한다. 하나님을 경외하는 것 말고 사람이 악에 빠지지 않을 방법은 없다.

하나님의 계명을 즐거워하는 경외

그다음 하나님을 경외하는 것은 하나님의 계명을 즐거워하는 것이다. "할렐루야, 여호와를 경외하며 그의 계명을 크게 즐거워하는 자는 복이 있도다"(시 112:1). 따라서 하나님을 경외하는 자가 계명을 지키는 것은 당연하다. 사람은 하나님을 경외함으로써 계명을 지키게 된다.

이 사실을 가장 잘 보여주는 책이 신명기다. 신명기는 하나님을 경외함으로써 계명을 지키게 됨을 반복적으로 보여준다. "다만 그들이 항상 이같은 마음을 품어 나를 경외하며 내 모든 명령을 지켜서 그들과 그 자손이 영원히 복 받기를 원하노라"(신 5:29). "곧 너와 네 아들과 네 손자들이 평생에 네 하나님 여호와를 경외하며 내가 너희에게 명한 그 모든 규례와 명령을 지키게 하기 위한 것이며 또 네 날을 장구하게 하기 위한 것이라"(신 6:2). "여호와께서 우리에게 이 모든 규례를 지키라 명령하셨으니 이는 우리가 우리 하나님 여호와를 경외하여 항상 복을 누리게 하기 위하심이며 또 여호와께서 우리를 오늘과 같이 살게 하려 하심이라"(신 6:24). "네 하나님 여호와의 명령을 지켜 그의 길을 따라가며 그를 경외할지니라"(신 8:6). "이스라엘아 네 하나님 여호와께서 네게 요구하시는 것이 무엇이냐 곧 네 하나님 여호와를 경외하여 그의 모든 도를 행하고 그를 사랑하며 마음을 다하고 뜻을 다하여 네 하나님 여호와를 섬기고 내가 오늘 네 행복을 위하여 네게 명하는 여호와의 명령과 규례를 지킬 것이 아니냐"(신 10:12-13). "너희는 너희의 하나님 여호와를 따르며 그를 경외하며 그의 명령을 지키며 그의 목소리를 청종하며 그를 섬기며 그를 의지하며"(신 13:4). "평생에 자기 옆에 두고 읽어 그의 하나님 여호와 경외하기를 배우며 이 율법의 모든 말과 이 규례를 지켜 행할 것이라"(신 17:19). "네가 만일 이 책에 기록한 이 율법의 모든 말씀을 지켜 행하지 아니하고 네 하나님 여호와라 하는 영화롭고 두려운 이름을 경외하지 아니하면"(신 28:58). "곧 백성의 남녀와 어린이와 네 성읍 안에 거류하는 타국인을 모으고 그들에게 듣고 배우고 네 하나님 여호와를 경외하며 이 율법의 모든 말씀을 지켜 행하게 하고"(신 31:12).

신명기 외에도 같은 사실을 보여주는 성경 구절이 있다. "그들이 오늘까지 이전 풍속대로 행하여 여호와를 경외하지 아니하며 또 여호와께서 이스라엘이라 이름을 주신 야곱의 자손에게 명령하신 율례와 법도와 율법과 계명을 준행하지 아니하는도다 … 오직 큰 능력과 편 팔로 너희를 애굽에서 인도하여 내신 여호와만 경외하여 그를 예배하며 그에게 제사를 드릴 것이며 또 여호와가 너희를 위하여 기록한 율례와 법도와 율법과 계명을 지켜 영원히 행하고 다른 신들을 경외하지 말며"(왕하 17:34, 36-37). "여호와를 경외함이 지혜의 근본이라 그의 계명을 지키는 자는 다 훌륭한 지각을 가진 자이니 여호와를 찬양함이 영원히 계속되리로다"(시 111:10). "나는 주를 경외하는 모든 자들과 주의 법도들을 지키는 자들의 친구라"(시 119:63). "주를 경외하는 자들이 나를 보고 기뻐하는 것은 내가 주의 말씀을 바라는 까닭이니이다"(시 119:74). "여호와를 경외하며 그의 길을 걷는 자마다 복이 있도다"(시 128:1). "일의 결국을 다 들었으니 하나님을 경외하고 그의 명령들을 지킬지어다 이것이 모든 사람의 본분이니라"(전 12:13).

아브라함이 사랑하는 독자 이삭을 바치라는 하나님의 명령에 순종할 수 있었던 이유가 무엇일까? 바로 하나님을 경외했기 때문이다. "사자가 이르시되 그 아이에게 네 손을 대지 말라 그에게 아무 일도 하지 말라 네가 네 아들 네 독자까지도 내게 아끼지 아니하였으니 내가 이제야 네가 하나님을 경외하는 줄을 아노라"(창 22:12).

이처럼 사람은 하나님을 경외함으로써 계명을 지키게 된다. 이 점에서, 하나님께 대한 경외는 언약과 무관하지 않다. 사람 편에서 계명을 지키는 것은 언약의 한 요소이기 때문이다.

그렇다면 하나님을 경외하는 자가 언약대로 하나님의 인자하심을 경험하게 될 것은 분명하다. 시편은 이 사실을 잘 보여준다. "오직 나는 주의 풍성한 사랑(인자하심)을 힘입어 주의 집에 들어가 주를 경외함으로 성전을 향하여 예배하리이다"(시 5:7). "여호와는 그를 경외하는 자 곧 그의 인자하심을 바라는 자를 살피사"(시 33:18). "이는 하늘이 땅에서 높음 같이 그를 경외하는 자에게 그의 인자하심이 크심이로다 … 여호와의 인자하심은 자기를 경외하는 자에게 영원부터 영원까지 이르며 그의 의는 자손의 자손에게 이르리니"(시 103:11, 17). "이제 여호와를 경외하는 자는 말하기를 그의 인자하심이 영원하다 할지로다"(시 118:4). "여호와는 자기를 경외하는 자들과 그의 인자하심을 바라는 자들을 기뻐하시는도다"(시 147:11). 하나님을 경외하는 자가 진정 복된 자다. 하나님께서 그에게 인자하심을 베푸시기 때문이다.

핵심 질문

⸻

1 하나님께 대한 경외는 무엇이고, 어떻게 나타나는지 설명해 보십시오.

2 사람은 어떻게 악에서 떠나게 됩니까?

3 성경에서 하나님을 경외함으로써 악에서 떠난 사람들을 열거해 보십시오.

4 사람은 어떻게 하나님의 계명을 지키게 됩니까?

5 성경에서 사람이 하나님을 경외함으로써 계명을 지키게 됨을 가장 잘 보여주는 책은 무엇입니까?

COVENANT & COMMUNION

06

선하심과 인자하심

・・・・・

● 내 평생에 선하심과 인자하심이 반드시 나를 따르리니 내가 여호와의 집에 영원히 살리로다 _ 시 23:6

● 여호와여 주의 인자하심이 선하시오니 내게 응답하시며 주의 많은 긍휼에 따라 내게로 돌이키소서 _ 시 69:16

● 그러나 주 여호와여 주의 이름으로 말미암아 나를 선대하소서 주의 인자하심이 선하시오니 나를 건지소서 _ 시 109:21

088 성도가 꼭 알아야 할 언약

선하심과 인자하심의 연결

앞에 인용한 시 세 편은 모두 다윗이 쓴 것이다. 여기서 주목할 것은 다윗이 하나님의 선하심과 인자하심을 연결시켜 놓은 점이다. "선하심과 인자하심이"(23편), "주의 인자하심이 선하시오니"(69편), "주의 인자하심이 선하시오니"(109편). 선하심과 인자하심의 이러한 연결은 하나님께 찬송하거나 감사하는 경우 자주 나타난다. 다윗은 언약궤를 오벧에돔의 집에서 다윗성으로 메어 올린 후 아삽과 그 형제를 세워 하나님께 감사하게 했다. 그 내용 중에 이런 말씀이 있다. "여호와께 감사하라 그는 선하시며 그의 인자하심이 영원함이로다"(대상 16:34).

솔로몬이 언약궤를 다윗성에서 성전 지성소로 메어 들인 때, 노래하는 레위 사람들과 나팔 부는 제사장들은 하나님을 이렇게 찬송했다. "나팔 불고 제금 치고 모든 악기를 울리며 소리를 높여 여호와를 찬송하여 이르되 선하시도다 그의 자비하심(인자하심)이 영원히 있도다 하매"(대하 5:13). 또 솔로몬이 성전 봉헌기도를 마쳤을 때, 이스라엘 모든 자손이 보인 반응은 이렇다. "이스라엘 모든 자손은 불이 내리는 것과 여호와의 영광이 성전 위에 있는 것을 보고 돌을 깐 땅에 엎드려 경배하며 여호와께 감사하여 이르되 선하시도다 그의 인자하심이 영원하도다 하니라"(대하 7:3).

포로에서 돌아온 이스라엘 자손이 여호와의 전 지대를 놓을 때, 나팔을 든 제사장들과 아삽 자손 레위 사람들은 이렇게 여호와를 찬송했다. "찬양으로 화답하며 여호와께 감사하여 이르되 주는 지극히 선하시므로 그의 인자하심이 이스라엘에게 영원하시도다 하니"(스 3:11).

하나님은 이스라엘의 회복에 대해 이렇게 말씀하셨다. "여호와께서 이와 같이 말씀하시니라 너희가 가리켜 말하기를 황폐하여 사람도 없고 짐승도 없다 하던 여기 곧 황폐하여 사람도 없고 주민도 없고 짐승도 없던 유다 성읍들과 예루살렘 거리에서 즐거워하는 소리, 기뻐하는 소리, 신랑의 소리, 신부의 소리와 및 만군의 여호와께 감사하라, 여호와는 선하시니 그 인자하심이 영원하다 하는 소리와 여호와의 성전에 감사제를 드리는 자들의 소리가 다시 들리리니 이는 내가 이 땅의 포로를 돌려보내어 지난 날처럼 되게 할 것임이라 여호와의 말씀이니라"(렘 33:10-11).

선하심과 인자하심의 이러한 연결은 시편에서도 여러 번 나타난다. "감사함으로 그의 문에 들어가며 찬송함으로 그의 궁정에 들어가서 그에게 감사하며 그의 이름을 송축할지어다 여호와는 선하시니 그의 인자하심이 영원하고 그의 성실하심이 대대에 이르리로다"(시 100:4-5). "할렐루야 여호와께 감사하라 그는 선하시며 그 인자하심이 영원함이로다"(시 106:1). "여호와께 감사하라 그는 선하시며 그 인자하심이 영원함이로다"(시 107:1). "여호와께 감사하라 그는 선하시며 그의 인자하심이 영원함이로다 … 여호와께 감사하라 그는 선하시며 그의 인자하심이 영원함이로다"(시 118:1, 29). "여호와께 감사하라 그는 선하시며 그 인자하심이 영원함이로다"(시 136:1).

선하심, 인자하심에 대한 성도들의 경험

그러면 성경이 이렇게 선하심과 인자하심을 함께 언급하는 이유는 무엇일까? 하나님의 선하심은 인자하심과 어떤 관계가 있을까? 하나님의 선하심은 어떤 의미에서 모든 사람이 경험한다. "여호와께서는 모든 것을 선대하시며 그 지으신 모든 것에 긍휼을 베푸시는도다"(시 145:9). "그러나 자기를 증언하지 아니하신 것이 아니니 곧 여러분에게 하늘로부터 비를 내리시며 결실기를 주시는 선한 일을 하사 음식과 기쁨으로 여러분의 마음에 만족하게 하셨느니라 하고"(행 14:17).

그런데 하나님의 선하심은 주로 그분의 언약 안에 있는 성도들이 경험한다. "에브라임과 므낫세와 잇사갈과 스불론의 많은 무리는 자기들을 깨끗하게 하지 아니하고 유월절 양을 먹어 기록한 규례를 어긴지라 히스기야가 그들을 위하여 기도하여 이르되 선하신 여호와여 사하옵소서 결심하고 하나님 곧 그의 조상들의 하나님 여호와를 구하는 사람은 누구든지 비록 성소의 결례대로 스스로 깨끗하게 못하였을지라도 사하옵소서 하였더니 여호와께서 히스기야의 기도를 들으시고 백성을 고치셨더라"(대하 30:18-20).

히스기야는 "선하신 여호와"께 규례를 어긴 백성을 사해 달라고 기도한다. 그러자 하나님은 히스기야의 기도에 응답해 주신다. 이로써 히스기야는 하나님의 선하심을 경험하게 된다.

"내 생명을 내 대적에게 맡기지 마소서 위증자와 악을 토하는 자가 일어나 나를 치려 함이니이다 내가 산 자들의 땅에서 여호와의 선하심을 보게 될 줄 확실히 믿었도다 너는 여호와를 기다릴지어다 강하고 담대하며 여호와를 기다릴지어다"(시 27:12-14). 이것은 생명의 위협 속에서 다윗이 드린 기도의 마지막 부분이다. 다윗은 이 기도 끝에 자기가 하나님의 선하심을 보게 되리라는 확신을 고백한다. "내가 산 자들의 땅에서 여호와의 선하심을 보게 될 줄 확실히 믿었도다"(시 27:13). 이와 함께 그는 다른 사람에게 '여호와를 기다리라'고 격려하기까지 한다. 다윗은 생명의 위협에서 보호받음으로써 하나님의 선하심을 경험하게 될 것을 확신한 것이다.

"너희는 여호와의 선하심을 맛보아 알지어다 그에게 피하는 자는 복이 있도다 너희 성도들아 여호와를 경외하라 그를 경외하는 자에게는 부족함이 없도다 젊은 사자는 궁핍하여 주릴지라도 여호와를 찾는 자는 모든 좋은 것에 부족함이 없으리로다"(시 34:8-10). 여기서 다윗은 성도들에게 '여호와의 선하심(토브)을 맛보아 알라'고 말한다. 그것은 '모든 좋은 것(토브)에 부족함이 없는' 것을 경험하는 것이다.

"여호와는 선하시며 환난 날에 산성이시라 그는 자기에게 피하는 자들을 아시느니라"(나 1:7). 여기서 "여호와는 선하시며"라는 말의 의미는 "환난 날에 산성이시라"는 말이 설명해 준다. 여호와는 환난 날에 산성이시라는 점에서 선하신 것이다. "환난 날에 산성이시라"는 말은 환난 가운데 보호하시는 하나님에 대한 경험을 말한다. 하나님의 선하심은 성도의 이런 경험과 관련된 것이다.

이처럼 하나님의 선하심은 특별히 언약 안에 있는 성도들이 경험한다. 이런 점에서, 하나님의 선하심은 하나님의 인자하심이 성도들에게 나타난 것이다. "주를 두려워하는 자를 위하여 쌓아 두신 은혜 곧 주께 피하는 자를 위하여 인생 앞에 베푸신 은혜가 어찌 그리 큰지요 주께서 그들을 주의 은밀한 곳에 숨기사 사람의 꾀에서 벗어나게 하시고 비밀히 장막에 감추사 말 다툼에서 면하게 하시리이다 여호와를 찬송할지어다 견고한 성에서 그의 놀라운 사랑을 내게 보이셨음이로다"(시 31:19-21). 이것은 다윗이 쓴 시다. 그가 말한 "주를 두려워하는 자를 위하여 쌓아 두신 은혜 곧 주께 피하는 자를 위하여 인생 앞에 베푸신 은혜(투브, 선하심)"는 이런 내용이다. "주께서 그들을 주의 은밀한 곳에 숨기사 사람의 꾀에서 벗어나게 하시고 비밀히 장막에 감추사 말 다툼에서 면하게 하시리이다"(시 31:20). 이것은 다윗이 경험한 것으로 주의 '인자하심'이 그에게 나타난 것이다. "그의 놀라운 사랑(헤세드, 인자하심)을 내게 보이셨음이로다"(시 31:21).

시편 52편도 다윗이 쓴 시다. 이 시에서 다윗은 자신이 포악한 자 앞에서 하나님의 인자하심을 의지한다고 말한다. "포악한 자여 네가 어찌하여 악한 계획을 스스로 자랑하는가 하나님의 인자하심은 항상 있도다 네 혀가 심한 악을 꾀하여 날카로운 삭도 같이 간사를 행하는도다 네가 선보다 악을 사랑하며 의를 말함보다 거짓을 사랑하는도다 (셀라) 간사한 혀여 너는 남을 해치는 모든 말을 좋아하는도다"(시 52:1-4).

그러면서 다윗은 강포한 자가 맞게 될 결말을 말한다. "그런즉 하나님이 영원히 너를 멸하심이여 너를 붙잡아 네 장막에서 뽑아내며 살아 있는 땅에서 네 뿌리를 빼시리로다 (셀라) 의인이 보고 두려워하며 또 그를 비웃어 말하기를 이 사람은 하나님을 자기 힘으로 삼지 아니하고 오직 자기 재물의 풍부함을 의지하며 자기의 악으로 스스로 든든하게 하던 자라 하리로다"(시 52:5-7).

반면 다윗은 자신에 대해 이렇게 말한다. "그러나 나는 하나님의 집에 있는 푸른 감람나무 같음이여 하나님의 인자하심을 영원히 의지하리로다 주께서 이를 행하셨으므로 내가 영원히 주께 감사하고 주의 이름이 선하시므로 주의 성도 앞에서 내가 주의 이름을 사모하리이다"(시 52:8-9). 다윗은 하나님이 자신을 강포한 자에서 지켜주셨기에 하나님의 이름이 선함을 말한다. 이 선함은 하나님의 인자하심이 그에게 드러난 것이다.

　　"여호와여 내 젊은 시절의 죄와 허물을 기억하지 마시고 주의 인자하심을 따라 주께서 나를 기억하시되 주의 선하심으로 하옵소서"(시 25:7). "주는 선하사 사죄하기를 즐거워하시며 주께 부르짖는 자에게 인자함이 후하심이니이다"(시 86:5). 이 말씀에 따르면, 죄 사함은 주의 선하심을 경험하는 것이다. 그런데 주의 선하심은 주의 인자하심이 드러난 것이다.

　　이사야 선지자는 과거 하나님께서 이스라엘 집에 베푸신 은혜를 이렇게 회고한다. "내가 여호와께서 우리에게 베푸신 모든 자비와 그의 찬송을 말하며 그의 사랑을 따라, 그의 많은 자비를 따라 이스라엘 집에 베푸신 큰 은총을 말하리라"(사 63:7). 여기서 "큰 은총"(투브, 선하심)은 "자비"(헤세드, 인자하심)에서 비롯된 것이다. 이때 "이스라엘 집에 베푸신 큰 은총(선하심)"의 내용은 이렇다. "그가 말씀하시되 그들은 실로 나의 백성이요 거짓을 행하지 아니하는 자녀라 하시고 그들의 구원자가 되사 그들의 모든 환난에 동참하사 자기 앞의 사자로 하여금 그들을 구원하시며 그의 사랑과 그의 자비로 그들을 구원하시고 옛적 모든 날에 그들을 드시며 안으셨으나"(사 63:8-9). 이것은 하나님의 인자하심이 나타난 것으로 이스라엘이 경험한 것이다.

이처럼 하나님의 선하심은 하나님의 인자하심이 나타난 것으로 성도들이 경험하는 것이다. 시편 23편은 하나님의 선하심에 대한 이러한 경험을 잘 보여준다. 다윗은 이 시의 결론부에서 말한다. "내 평생에 선하심과 인자하심이 반드시 나를 따르리니 내가 여호와의 집에 영원히 살리로다"(시 23:6). 여기서 다윗은 "선하심과 인자하심"이라고 묶어서 말한다. 이것은 "선하심"이 "인자하심"의 표현이기 때문이다. 이 "선하심"은 다윗이 자신의 목자이신 하나님께 대해 경험한 것을 가리킨다. 그것은 앞에서 말한 이런 내용이다.

● 여호와는 나의 목자시니 내게 부족함이 없으리로다 그가 나를 푸른 풀밭에 누이시며 쉴 만한 물 가로 인도하시는도다 내 영혼을 소생시키시고 자기 이름을 위하여 의의 길로 인도하시는도다 내가 사망의 음침한 골짜기로 다닐지라도 해를 두려워하지 않을 것은 주께서 나와 함께 하심이라 주의 지팡이와

막대기가 나를 안위하시나이다 주께서 내 원수의 목전에서 내게
상을 차려 주시고 기름을 내 머리에 부으셨으니 내 잔이 넘치나
이다 _ 시 23:1-5

다윗이 경험한 하나님의 선하심은 인자하심이 드러난 것이다.
다윗의 이 경험은 우리 삶에도 그대로 적용된다. 우선 우리의 필
요 가운데 하나님이 돌보시지 않는 것은 아무것도 없다. 이것이
"여호와는 나의 목자시니 내게 부족함이 없으리로다"라는 고백에
들어 있는 의미다. 우리는 어떤 필요든지 그 필요가 채워지는 과
정에서 하나님의 선하심을 경험한다. 그런데 이러한 하나님의 선
하심은 그분의 인자하심에서 비롯되는 것이다.

따라서 우리는 어떤 필요 앞에서도 하나님의 인자하심이 선하
시다는 사실에 근거해서 기도할 수 있다. 다윗이 그렇게 기도했다.
"여호와여 주의 인자하심이 선하시오니 내게 응답하시며 주의 많
은 긍휼에 따라 내게로 돌이키소서"(시 69:16). "주 여호와여 주의
이름으로 말미암아 나를 선대하소서 주의 인자하심이 선하시오니
나를 건지소서"(시 109:21).

그다음 우리는 다윗의 경험처럼 고난을 통해서도 하나님의 선
하심을 맛본다. 하나님은 고난마저도 우리에게 유익이 되게 하시
기 때문이다. "고난당하기 전에는 내가 그릇 행하였더니 이제는

주의 말씀을 지키나이다 주는 선하사 선을 행하시오니 주의 율례들로 나를 가르치소서 … 고난당한 것이 내게 유익이라 이로 말미암아 내가 주의 율례들을 배우게 되었나이다"(시 119:67-68, 71).

따라서 우리는 어떠한 고난에도 낙심하지 말아야 한다. 하나님의 인자하심이 선하시기 때문이다. 예레미야 선지자가 고난 중에 말하는 소망의 근거가 여기 있다. "내 고초와 재난 곧 쑥과 담즙을 기억하소서 내 마음이 그것을 기억하고 내가 낙심이 되오나 이것을 내가 내 마음에 담아 두었더니 그것이 오히려 나의 소망이 되었사옴은 여호와의 인자와 긍휼이 무궁하시므로 우리가 진멸되지 아니함이니이다 이것들이 아침마다 새로우니 주의 성실하심이 크시도소이다 내 심령에 이르기를 여호와는 나의 기업이시니 그러므로 내가 그를 바라리라 하도다 기다리는 자들에게나 구하는 영혼들에게 여호와는 선하시도다 … 이는 주께서 영원하도록 버리지 아니하실 것임이며 그가 비록 근심하게 하시나 그의 풍부한 인자하심에 따라 긍휼히 여기실 것임이라 주께서 인생으로 고생하게 하시며 근심하게 하심은 본심이 아니시로다"(애 3:19-25, 31-33). 여호와의 선하심은 우리가 경험하는 그분의 인자하심이다.

핵심 질문

—

1 성경에서 선하심과 인자하심은 어떤 경우에 자주 나타납니까?

2 하나님의 선하심은 주로 누가 경험합니까?

3 선하심과 인자하심의 관계는 무엇입니까?

4 시편 23편에서 다윗이 경험한 선하심은 무엇입니까?

5 우리가 어떤 필요를 위해서도 기도할 수 있고, 어떤 고난에도 낙심하지 않을 수 있는 이유는 무엇입니까?

07

언약과 감사

● 하나님이 자기의 백성을 판결하시려고 위 하늘과 아래 땅에 선포하여 이르시되 나의 성도들을 내 앞에 모으라 그들은 제사로 나와 언약한 이들이니라 하시도다 … 감사로 하나님께 제사를 드리며 지존하신 이에게 네 서원을 갚으며 환난 날에 나를 부르라 내가 너를 건지리니 네가 나를 영화롭게 하리로다 … 감사로 제사를 드리는 자가 나를 영화롭게 하나니 그의 행위를 옳게 하는 자에게 내가 하나님의 구원을 보이리라 _ 시 50:4-5, 14-15, 23

시편 50편에서 하나님은 자기 백성을 가리켜 "제사로 나와 언약한 이들"이라고 말씀하신다. "나의 성도들을 내 앞에 모으라 그들은 제사로 나와 언약한 이들이니라"(5절). 그러면서 진정한 제사는 짐승을 드리는 것이 아니라(8-13절) 감사를 드리는 것임을 밝

히신다. "감사로 하나님께 제사를 드리며 … 감사로 제사를 드리는 자가"(14, 23절).

감사의 이유

그러면 감사의 제사를 드리는 이유는 무엇일까? 그 이유는 본문처럼 감사의 제사를 말하는 다른 구절에서 분명히 드러난다. "여호와의 인자하심과 인생에게 행하신 기적으로 말미암아 그를 찬송할지로다 감사제를 드리며 노래하여 그가 행하신 일을 선포할지로다"(시 107:21-22). 여기서 감사제를 드리는 이유는 "여호와의 인자하심과 인생에게 행하신 기적" 때문이다. 또 요나가 바다에 던져졌으나 물고기 배 속에서 하나님께 드린 기도를 보자. "거짓되고 헛된 것을 숭상하는 모든 자는 자기에게 베푸신 은혜를 버렸사오나 나는 감사하는 목소리로 주께 제사를 드리며 나의 서원을 주께 갚겠나이다 구원은 여호와께 속하였나이다 하니라"(욘 2:8-9). 요나가 감사의 제사를 드리는 이유는 하나님께서 베푸신 "은혜"(인자하심)와 "구원" 때문이다.

이처럼 감사의 제사를 드리는 이유는 하나다. 바로 하나님의 인자하심 때문이다. 본문에는 하나님의 인자하심에 대한 직접적인 언급이 없다. 그러나 하나님께서 자기 백성과 맺으신 언약에 대한 언급이 있다. 하나님은 자기 백성을 가리켜 "제사로 나와 언약한 이들"이라고 부르시며, 이 제사는 "감사의 제사"임을 말씀하신다. 따라서 감사는 하나님이 언약 안에서 베푸시는 사랑인 인자하심에 대한 반응이다. 이 사실을 보여주는 성경의 증거는 풍부하다.

사무엘하 22장에는 "여호와께서 다윗을 모든 원수의 손과 사울의 손에서 구원하신 그 날에"(1절) 다윗이 부른 노래가 나온다. 그 노래는 이렇게 끝난다. "이러므로 여호와여 내가 모든 민족 중에서 주께 감사하며 주의 이름을 찬양하리이다 여호와께서 그의 왕에게 큰 구원을 주시며 기름 부음 받은 자에게 인자를 베푸심이여 영원하도록 다윗과 그 후손에게로다 하였더라"(삼하 22:50-51). 다윗이 감사하는 이유는 여호와께서 인자하심을 베푸셨기 때문이다.

다윗은 언약궤를 오벧에돔의 집에서 다윗성으로 옮겨온 후 사람을 세워 여호와께 감사하게 했다. 그 내용 중에 이 구절이 나온다. "여호와께 감사하라 그는 선하시며 그의 인자하심이 영원함이로다"(대상 16:34). 이와 함께 다윗이 한 일 가운데 이런 내용도 나온다. "또 여호와의 인자하심이 영원하시므로 그들과 함께 헤만과 여두둔과 그리고 택함을 받아 지명된 나머지 사람을 세워 감사하게 하였고"(대상 16:41). 또 성경은 솔로몬이 언약궤를 다윗성에서 성전 지성소로 메어 올렸을 때의 일을 이렇게 말한다. "나팔 부는 자와 노래하는 자들이 일제히 소리를 내어 여호와를 찬송하며 감사하는데 나팔 불고 제금 치고 모든 악기를 울리며 소리를 높여 여호와를 찬송하여 이르되 선하시도다 그의 자비하심(인자하심)이 영원히 있도다 하매 그 때에 여호와의 전에 구름이 가득한지라"(대하 5:13). 모두 감사의 이유는 여호와께서 베푸신 인자하심에 있다.

솔로몬이 성전 봉헌 기도를 마쳤을 때, 불이 하늘에서 내려와 제물을 살랐고 여호와의 영광이 성전에 가득했다. 그때 이스라엘 자손이 보인 반응을 성경은 이렇게 말한다. "이스라엘 모든 자손은 불이 내리는 것과 여호와의 영광이 성전 위에 있는 것을 보고 돌을 깐 땅에 엎드려 경배하며 여호와께 감사하여 이르되 선하시도다 그의 인자하심이 영원하도다 하니라"(대하 7:3). 또 하나님 전의 낙성식 장면을 성경은 이렇게 말한다. "그 때에 제사장들은 직분대로 모셔 서고 레위 사람도 여호와의 악기를 가지고 섰으니 이 악기는 전에 다윗 왕이 레위 사람들에게 여호와께 감사하게 하려고 만들어서 여호와의 인자하심이 영원함을 찬송하게 하던 것이라 제사장들은 무리 앞에서 나팔을 불고 온 이스라엘은 서 있더라"(대하 7:6). 역시 감사의 이유는 하나다. 하나님의 인자하심 때문이다.

이 외에도 하나님의 인자하심 때문에 감사한 경우는 더 있다. 여호사밧은 암몬 자손과 모압 자손과 세일산 사람과 싸우러 갈 때 이렇게 했다. "백성과 더불어 의논하고 노래하는 자들을 택하여 거룩한 예복을 입히고 군대 앞에서 행진하며 여호와를 찬송하여 이르기를 여호와께 감사하세 그의 인자하심이 영원하도다 하게 하였더니"(대하 20:21). 포로에서 돌아온 이스라엘 자손이 여호와의 전 지대를 놓을 때, 제사장들과 아삽 자손 레위 사람들은 이렇게 했다. "찬양으로 화답하며 여호와께 감사하여 이르되 주는 지극히 선하시므로 그의 인자하심이 이스라엘에게 영원하시도다 하니"(스 3:11).

이와 함께 시편에는 하나님의 인자하심에 대한 반응으로서 감사를 보여주는 구절이 많다.

- 여호와여 이러므로 내가 이방 나라들 중에서 주께 감사하며 주의 이름을 찬송하리이다 여호와께서 그 왕에게 큰 구원을 주시며 기름 부음 받은 자에게 인자를 베푸심이여 영원토록 다윗과 그 후손에게로다 _ 시 18:49-50

- 수금으로 여호와께 감사하고 열 줄 비파로 찬송할지어다 새 노래로 그를 노래하며 즐거운 소리로 아름답게 연주할

지어다 여호와의 말씀은 정직하며 그가 행하시는 일은 다 진실하시도다 그는 공의와 정의를 사랑하심이여 세상에는 여호와의 인자하심이 충만하도다 _ 시 33:2-5

● 그러나 나는 하나님의 집에 있는 푸른 감람나무 같음이여 하나님의 인자하심을 영원히 의지하리로다 주께서 이를 행하셨으므로 내가 영원히 주께 감사하고 주의 이름이 선하시므로 주의 성도 앞에서 내가 주의 이름을 사모하리이다 _ 시 52:8-9

● 주여 내가 만민 중에서 주께 감사하오며 뭇 나라 중에서 주를 찬송하리이다 무릇 주의 인자는 커서 하늘에 미치고 주의 진리는 궁창에 이르나이다 _ 시 57:9-10

● 지존자여 십현금과 비파와 수금으로 여호와께 감사하며 주의 이름을 찬양하고 아침마다 주의 인자하심을 알리며 밤마다 주의 성실하심을 베풂이 좋으니이다 _ 시 92:1-3

● 감사함으로 그의 문에 들어가며 찬송함으로 그의 궁정에 들어가서 그에게 감사하며 그의 이름을 송축할지어다 여호와는 선하시니 그의 인자하심이 영원하고 그의 성실하심이 대

대에 이르리로다 _ 시 100:4-5

● 할렐루야 여호와께 감사하라 그는 선하시며 그 인자하심이 영원함이로다 _ 시 106:1

● 여호와께 감사하라 그는 선하시며 그 인자하심이 영원함이로다 _ 시 107:1

● 여호와여 내가 만민 중에서 주께 감사하고 뭇 나라 중에서 주를 찬양하오리니 주의 인자하심이 하늘보다 높으시며 주의 진실은 궁창에까지 이르나이다 _ 시 108:3-4

● 여호와께 감사하라 그는 선하시며 그의 인자하심이 영원함이로다 … 여호와께 감사하라 그는 선하시며 그의 인자하심이 영원함이로다 _ 시 118:1, 29

● 여호와께 감사하라 그는 선하시며 그 인자하심이 영원함이로다 신들 중에 뛰어난 하나님께 감사하라 그 인자하심이 영원함이로다 주들 중에 뛰어난 주께 감사하라 그 인자하심이 영원함이로다 … 하늘의 하나님께 감사하라 그 인자하심이 영원

함이로다 _ 시 136:1-3, 26(이 시는 창조, 출애굽, 광야, 가나안 땅 정복에서 나타난 여호와의 인자하심을 노래하며 사실상 구절마다 감사를 말한다)

● 내가 주의 성전을 향하여 예배하며 주의 인자하심과 성실하심으로 말미암아 주의 이름에 감사하오리니 이는 주께서 주의 말씀을 주의 모든 이름보다 높게 하셨음이라 _ 시 138:2

● 여호와는 은혜로우시며 긍휼이 많으시며 노하기를 더디 하시며 인자하심이 크시도다 여호와께서는 모든 것을 선대하시며 그 지으신 모든 것에 긍휼을 베푸시는도다 여호와여 주께서 지으신 모든 것들이 주께 감사하며 주의 성도들이 주를 송축하리이다 _ 시 145:8-10

특히 하나님의 성실하심(진실, 신실)에 대한 반응으로서 감사를 보여주는 구절도 있다. 히스기야는 병들어 죽게 되었을 때 이렇게 기도했다. "여호와여 구하오니 내가 주 앞에서 진실과 전심으로 행하며 주의 목전에서 선하게 행한 것을 기억하옵소서"(사 38:3). 하나님은 이 기도를 들어주셨다. 그래서 병이 나은 히스기야가 기록한 글에 이런 내용이 나온다. "스올이 주께 감사하지 못하며 사망이 주를 찬양하지 못하며 구덩이에 들어간 자가 주의 신실을 바라지 못하되 오직 산 자 곧 산 자는 오늘 내가 하는 것과 같이 주께 감사하며 주의 신실을 아버지가 그의 자녀에게 알게 하리이다"(사 38:18-19).

예레미야 선지자는 이스라엘의 회복에 대한 하나님의 말씀을 이렇게 기록한다. "여호와께서 이와 같이 말씀하시니라 너희가 가리켜 말하기를 황폐하여 사람도 없고 짐승도 없다 하던 여기 곧 황폐하여 사람도 없고 주민도 없고 짐승도 없던 유다 성읍들과 예루살렘 거리에서 즐거워하는 소리, 기뻐하는 소리, 신랑의 소리, 신부의 소리와 및 만군의 여호와께 감사하라, 여호와는 선하시니 그 인자하심이 영원하다 하는 소리와 여호와의 성전에 감사제를 드리는 자들의 소리가 다시 들리리니 이는 내가 이 땅의 포로를 돌려보내어 지난 날처럼 되게 할 것임이라 여호와의 말씀이니라"(렘 33:10-11).

이미 말한 대로 언약의 요소는 이렇다. 사람 편에서 계명을 지키는 것과 하나님 편에서 인자하심을 베푸시는 것이다. 그런데 하나님의 인자하심에 대한 반응이 감사다. 이런 점에서 감사는 언약과 분리될 수 없다. 이 사실은 감사가 언약 백성의 고유한 특징임을 의미한다. 언약 안에서 하나님의 인자하심을 맛본 사람이라면 누구나 감사할 것이 분명하다. 만일 이러한 감사가 없다면, 그 사람은 하나님의 언약 백성이 아닐 것이다.

인자하심을 경험하는 다양한 방식

하나님의 언약 백성인 우리는 하나님의 인자하심을 다양한 방식으로 맛보며 산다. 그 대표적인 사례는 다음과 같다.

1. 우리가 모든 죄악에서 속량함을 얻은 것은 하나님의 인자하심 때문이다.

● 이스라엘아 여호와를 바랄지어다 여호와께서는 인자하심과 풍성한 속량이 있음이라 그가 이스라엘을 그의 모든 죄악에서 속량하시리로다 _ 시 130:7-8

2. 우리가 죄 사함을 받는 것도 하나님의 인자하심 때문이다.

● 여호와여 내 젊은 시절의 죄와 허물을 기억하지 마시고 주의 인자하심을 따라 주께서 나를 기억하시되 주의 선하심으로 하옵소서 _ 시 25:7

● 하나님이여 주의 인자를 따라 내게 은혜를 베푸시며 주의 많은 긍휼을 따라 내 죄악을 지워 주소서 _ 시 51:1

● 주는 선하사 사죄하기를 즐거워하시며 주께 부르짖는 자에게 인자함이 후하심이니이다 _ 시 86:5

● 우리의 죄를 따라 우리를 처벌하지는 아니하시며 우리의 죄악을 따라 우리에게 그대로 갚지는 아니하셨으니 이는 하늘이 땅에서 높음 같이 그를 경외하는 자에게 그의 인자하심이 크심이로다 동이 서에서 먼 것 같이 우리의 죄과를 우리에게서 멀리 옮기셨으며 _ 시 103:10-12

3. 우리가 기도 응답을 받는 것도 하나님의 인자하심 때문이다.

● 하나님을 찬송하리로다 그가 내 기도를 물리치지 아니하시고 그의 인자하심을 내게서 거두지도 아니하셨도다 _ 시 66:20

4. 우리가 삶의 기초가 흔들리는 상황에서 시험에 들지 않는 것도 하나님의 인자하심 때문이다.

● 여호와여 나의 발이 미끄러진다고 말할 때에 주의 인자하심이 나를 붙드셨사오며 내 속에 근심이 많을 때에 주의 위안이 내 영혼을 즐겁게 하시나이다 _ 시 94:18-19

5. 우리가 환난 가운데 보호받는 것도 하나님의 인자하심 때문이다.

● 내가 주의 인자하심을 기뻐하며 즐거워할 것은 주께서 나의 고난을 보시고 환난 중에 있는 내 영혼을 아셨으며 _ 시 31:7

● 나는 주의 힘을 노래하며 아침에 주의 인자하심을 높이 부르오리니 주는 나의 요새이시며 나의 환난 날에 피난처심이니이다 _ 시 59:16

● 여호와여 주의 인자하심이 선하시오니 내게 응답하시며 주의 많은 긍휼에 따라 내게로 돌이키소서 주의 얼굴을 주의 종에게서 숨기지 마소서 내가 환난 중에 있사오니 속히 내게 응답하소서 _ 시 69:16-17

6. 우리가 하나님을 안전한 피난처로 삼을 수 있는 것도 하나님의 인자하심 때문이다.

● 하나님이여 주의 인자하심이 어찌 그리 보배로우신지요 사람들이 주의 날개 그늘 아래에 피하나이다 _ 시 36:7

7. 우리가 악인에게서 보호받는 것도 하나님의 인자하심 때문이다.

● 주께 피하는 자들을 그 일어나 치는 자들에게서 오른손으로 구원하시는 주여 주의 기이한 사랑(인자하심)을 나타내소서 나를 눈동자 같이 지키시고 주의 날개 그늘 아래에 감추사 내 앞에서 나를 압제하는 악인들과 나의 목숨을 노리는 원수들에게서 벗어나게 하소서 _ 시 17:7-9

8. 우리가 사람의 비방에서 구원받는 것도 하나님의 인자하심 때문이다.

● 그가 하늘에서 보내사 나를 삼키려는 자의 비방에서 나를 구원하실지라 (셀라) 하나님이 그의 인자와 진리를 보내시

리로다 _ 시 57:3

9. 우리가 이 땅에서 경험하는 모든 하나님의 보호는 그분의 인
자하심 때문이다.

  ● 여호와는 나의 사랑(인자)이시요 나의 요새이시요
나의 산성이시요 나를 건지시는 이시요 나의 방패이시니 내가 그
에게 피하였고 그가 내 백성을 내게 복종하게 하셨나이다 _ 시
144:2

10. 우리가 죽을병에서 고침받는 것도 하나님의 인자하심 때문
이다.

  ● 여호와여 내가 수척하였사오니 내게 은혜를 베푸소
서 여호와여 나의 뼈가 떨리오니 나를 고치소서 나의 영혼도 매우
떨리나이다 여호와여 어느 때까지니이까 여호와여 돌아와 나의
영혼을 건지시며 주의 사랑(인자하심)으로 나를 구원하소서 사망
중에서는 주를 기억하는 일이 없사오니 스올에서 주께 감사할 자
누구리이까 _ 시 6:2-5

● 그가 네 모든 죄악을 사하시며 네 모든 병을 고치시
며 네 생명을 파멸에서 속량하시고 인자와 긍휼로 관을 씌우시며
_ 시 103:3-4

이렇게 보면 우리는 하나님의 인자하심을 수없이 경험하며 살
아온 것을 알 수 있다. 앞으로의 삶도 그럴 것이다. "내 평생에 선
하심과 인자하심이 반드시 나를 따르리니"(시 23:6). 이것은 다윗
의 고백이요 우리 모두의 고백이다. 여기에 우리의 감사가 있다.
그것은 하나님께서 우리에게 이미 베푸신 인자하심과 앞으로 베
푸실 인자하심에 대한 감사다. 그것은 언약 안에서 우리에게 베푸
시는 하나님의 성실한 사랑에 대한 감사다. 그래서 다윗은 이렇게
노래했다. "주의 인자하심이 생명보다 나으므로 내 입술이 주를
찬양할 것이라 이러므로 나의 평생에 주를 송축하며 주의 이름으
로 말미암아 나의 손을 들리이다"(시 63:3-4).

언약 안에서 드리는 이러한 감사는 신약성경에서도 그대로 이
어진다. 히브리서는 신약성경 중 언약을 가장 많이 언급한 책이
다. 이 책에는 이런 말씀이 들어 있다. "그러므로 우리는 예수로 말
미암아 항상 찬송의 제사를 하나님께 드리자 이는 그 이름을 증언
하는 입술의 열매니라"(히 13:15). 여기 "찬송의 제사"는 감사의 제
사(시 50:14, 23)에 대한 칠십인역 성경의 표현과 일치한다. 이 "찬

송의 제사"는 "예수(원문에는 그)로 말미암아" 항상 하나님께 드리는 제사다. 여기 "그"는 앞에 나온 "예수"를 가리킨다. "그러므로 예수도 자기 피로써 백성을 거룩하게 하려고 성문 밖에서 고난을 받으셨느니라"(히 13:12). 이 예수는 십자가에서 피 흘려 고난 받으신 분이다. 히브리서에서 이 "피"는 언약의 피다. "하물며 영원하신 성령으로 말미암아 흠 없는 자기를 하나님께 드린 그리스도의 피가 어찌 너희 양심을 죽은 행실에서 깨끗하게 하고 살아 계신 하나님을 섬기게 하지 못하겠느냐 이로 말미암아 그는 새 언약의 중보자시니"(히 9:14-15). "하물며 하나님의 아들을 짓밟고 자기를 거룩하게 한 언약의 피를 부정한 것으로 여기고 은혜의 성령을 욕되게 하는 자가 당연히 받을 형벌은 얼마나 더 무겁겠느냐 너희는 생각하라"(히 10:29). "새 언약의 중보자이신 예수와 및 아벨의 피보다 더 나은 것을 말하는 뿌린 피니라"(히 12:24). "양들의 큰 목자이신 우리 주 예수를 영원한 언약의 피로 죽은 자 가운데서 이끌어 내신 평강의 하나님이"(히 13:20).

따라서 예수로 말미암아 항상 하나님께 드리는 "찬송의 제사"는 언약 안에서 드리는 감사다. 이것이 성경이 일관되게 보여주는 참된 예배의 기초다.

핵심 질문

1 성경이 보여주는 감사의 이유는 무엇입니까?

2 감사가 언약 백성의 고유한 특징이 되는 이유는 무엇입니까?

3 우리가 하나님의 인자하심을 경험하는 다양한 방식을 말해 보십시오.

4 신약성경에서 언약 안에서 드리는 감사는 무엇입니까?

COVENANT & COMMUNION

08

언약 갱신

⋮

● 왕이 자기 처소에 서서 여호와 앞에서 언약을 세우
되 마음을 다하고 목숨을 다하여 여호와를 순종하고 그의 계명과
법도와 율례를 지켜 이 책에 기록된 언약의 말씀을 이루리라 하고
예루살렘과 베냐민에 있는 자들이 다 여기에 참여하게 하매 예루
살렘 주민이 하나님 곧 그의 조상들의 하나님의 언약을 따르니라
_ 대하 34:31-32

● 엘람 자손 중 여히엘의 아들 스가냐가 에스라에게
이르되 우리가 우리 하나님께 범죄하여 이 땅 이방 여자를 맞이하
여 아내로 삼았으나 이스라엘에게 아직도 소망이 있나니 곧 내 주
의 교훈을 따르며 우리 하나님의 명령을 떨며 준행하는 자의 가르
침을 따라 이 모든 아내와 그들의 소생을 다 내보내기로 우리 하나

님과 언약을 세우고 율법대로 행할 것이라 이는 당신이 주장할 일
이니 일어나소서 우리가 도우리니 힘써 행하소서 하니라 이에 에
스라가 일어나 제사장들과 레위 사람들과 온 이스라엘에게 이 말
대로 행하기를 맹세하게 하매 무리가 맹세하는지라 _ 스 10:2-5

이스라엘 역사에 나타난 언약 파기

언약이 조건적이라는 말은 언약이 깨질 수 있음을 의미한다. 사
람 편에서 계명을 지키지 못해 언약을 깨는 일이 일어날 수 있다.
성경은 이스라엘 역사에서 이런 일이 여러 차례 있어났음을 보여
준다. 사사시대는 이러한 역사의 반복이었다. "그 사사가 죽은 후
에는 그들이 돌이켜 그들의 조상들보다 더욱 타락하여 다른 신들
을 따라 섬기며 그들에게 절하고 그들의 행위와 패역한 길을 그치
지 아니하였으므로 여호와께서 이스라엘에게 진노하여 이르시되
이 백성이 내가 그들의 조상들에게 명령한 언약을 어기고 나의 목
소리를 순종하지 아니하였은즉 나도 여호수아가 죽을 때에 남겨
둔 이방 민족들을 다시는 그들 앞에서 하나도 쫓아내지 아니하리
니"(삿 2:19-21).

솔로몬도 하나님의 언약을 지키지 못했다. "여호와께서 솔로몬

에게 말씀하시되 네게 이러한 일이 있었고 또 네가 내 언약과 내가 네게 명령한 법도를 지키지 아니하였으니 내가 반드시 이 나라를 네게서 빼앗아 네 신하에게 주리라"(왕상 11:11). 아합 왕 당시의 이스라엘도 마찬가지였다. 그래서 엘리야는 하나님께 이스라엘에 대해 이렇게 말했다. "내가 만군의 하나님 여호와께 열심이 유별하오니 이는 이스라엘 자손이 주의 언약을 버리고 주의 제단을 헐며 칼로 주의 선지자들을 죽였음이오며 오직 나만 남았거늘 그들이 내 생명을 찾아 빼앗으려 하나이다"(왕상 19:10).

결국 북이스라엘은 그들의 언약을 버리고 앗수르에게 멸망당한다. "여호와께서 각 선지자와 각 선견자를 통하여 이스라엘과 유다에게 지정하여 이르시기를 너희는 돌이켜 너희 악한 길에서 떠나 나의 명령과 율례를 지키되 내가 너희 조상들에게 명령하고 또 내 종 선지자들을 통하여 너희에게 전한 모든 율법대로 행하라 하셨으나 그들이 듣지 아니하고 그들의 목을 곧게 하기를 그들의 하나님 여호와를 믿지 아니하던 그들 조상들의 목 같이 하여 여호와의 율례와 여호와께서 그들의 조상들과 더불어 세우신 언약과 경계하신 말씀을 버리고 허무한 것을 뒤따라 허망하며 또 여호와께서 명령하사 따르지 말라 하신 사방 이방 사람을 따라 … 여호와께서 이스라엘에게 심히 노하사 그들을 그의 앞에서 제거하시니"(왕하 17:13-15, 18). "앗수르 왕이 이스라엘을 사로잡아 앗수르에 이르러 고산 강가에 있는 할라와 하볼과 메대 사람의 여러 성읍에 두었으니 이는 그들이 하나님 여호와의 말씀을 듣지 아니하고 그의 언약과 여호와의 종 모세가 명령한 모든 것을 따르지 아니하였음이더라"(왕하 18:11-12). 이처럼 이스라엘의 언약 파기는 하나님께 대한 불순종, 즉 계명을 지키지 않은 것이 핵심이다.

이스라엘 역사에 나타난 언약 갱신

이와 반대로 성경은 이스라엘 역사에서 언약을 지키기 위한 시도가 반복된 것도 보여준다. 이른바 '언약 갱신'이라고 하는 것이다. 이것은 언약을 새롭게 함으로써 하나님께 순종하고 계명을 지키려는 시도다.

첫 번째 경우가 모세에 의한 언약 갱신이다. 이때는 하나님께서 시내산(호렙산)에서 이스라엘과 언약을 맺으신 지 사십 년이 지난 시점이다. 그래서 출애굽 1세대는 다 죽고 새로운 세대가 가나안 정복을 앞두고 있었다. 이러한 시점에 하나님은 모압에서 모세에게 명하여 그들과 언약을 맺게 하셨다. "호렙에서 이스라엘 자손과 세우신 언약 외에 여호와께서 모세에게 명령하여 모압 땅에서 그들과 세우신 언약의 말씀은 이러하니라"(신 29:1). 이것이 소위 모압 언약(신 29-31장)이다. 이 언약의 내용은 "너희는 이 언약의 말씀을 지켜 행하라"(신 29:9)는 것이다. 이때 "언약의 말씀"은 십계명을 가리킨다. "모세가 여호와와 함께 사십 일 사십 야를 거기 있으면서 떡도 먹지 아니하였고 물도 마시지 아니하였으며 여호와께서는 언약의 말씀 곧 십계명을 그 판들에 기록하셨더라"(출 34:28).

따라서 모압 언약은 새로운 언약이 아니다. 이것은 언약의 당사자와 상황이 바뀐 가운데 시내산 언약(모세 언약)을 갱신한 것이다. 하나님은 모세가 죽고 난 후 이스라엘 자손이 가나안 땅에서 순종하지 않을 것을 아셨다. 모세는 이렇게 말했다. "내가 너희의 반역함과 목이 곧은 것을 아나니 오늘 내가 살아서 너희와 함께 있어도 너희가 여호와를 거역하였거든 하물며 내가 죽은 후의 일이랴"(신 31:27). 그래서 하나님은 모세에게 명하여 모압 땅에서 이스라엘 자손과 언약을 갱신하게 하셨다. 이것은 이스라엘 자손으로 하여금 하나님께 순종하고 계명을 지키게 하려는 시도였다.

두 번째 경우는 여호수아에 의한 언약 갱신이다. 이때는 이스라엘 자손이 하나님의 말씀대로 가나안 땅을 얻고 난 후다. 이런 상황에서 여호수아는 자신이 죽고 나면 이스라엘 자손에게 벌어질 일을 예상했다. "보라 나는 오늘 온 세상이 가는 길로 가려니와 너희의 하나님 여호와께서 너희에게 대하여 말씀하신 모든 선한 말씀이 하나도 틀리지 아니하고 다 너희에게 응하여 그 중에 하나도 어김이 없음을 너희 모든 사람은 마음과 뜻으로 아는 바라 너희의 하나님 여호와께서 너희에게 말씀하신 모든 선한 말씀이 너희에게 임한 것 같이 여호와께서 모든 불길한 말씀도 너희에게 임하게 하사 너희의 하나님 여호와께서 너희에게 주신 이 아름다운 땅에서 너희를 멸절하기까지 하실 것이라 만일 너희가 너희의 하나님 여호와께서 너희에게 명령하신 언약을 범하고 가서 다른 신들을 섬겨 그들에게 절하면 여호와의 진노가 너희에게 미치리니 너희에게 주신 아름다운 땅에서 너희가 속히 멸망하리라"(수 23:14-16).

그래서 여호수아는 이스라엘 자손을 세겜에 모으고 그들로 더불어 언약을 세운다. "그 날에 여호수아가 세겜에서 백성과 더불어 언약을 맺고 그들을 위하여 율례와 법도를 제정하였더라"(수 24:25). 이때 여호수아가 "율례와 법도"를 베푼 이유는 분명하다. 이스라엘 자손이 율례와 법도를 지켜 행하게 하기 위함이다. 이것이 이 세겜 언약의 실제 내용이다. 따라서 세겜 언약도 새로운 것이 아니다. 이 언약 역시 언약의 당사자와 상황이 바뀐 가운데 시내산 언약을 갱신한 것이다. "모세가 온 이스라엘을 불러 그들에게 이르되 이스라엘아 오늘 내가 너희의 귀에 말하는 규례(율례)와 법도를 듣고 그것을 배우며 지켜 행하라 우리 하나님 여호와께서 호렙 산에서 우리와 언약을 세우셨나니"(신 5:1-2).

세 번째 경우는 유다 왕 아사에 의한 언약 갱신이다. 아사는 하나님을 의지함으로써 구스 사람 세라의 백만 대군과 싸워 승리했다. 그때 하나님은 선지자 아사랴를 통해 말씀하셨다. "아사와 및 유다와 베냐민의 무리들아 내 말을 들으라 너희가 여호와와 함께 하면 여호와께서 너희와 함께 하실지라 너희가 만일 그를 찾으면 그가 너희와 만나게 되시려니와 너희가 만일 그를 버리면 그도 너희를 버리시리라"(대하 15:2). 이 말씀을 들은 아사는 유다와 베냐민의 무리와 자신에게 돌아온 이스라엘 사람들을 모았다. 그들은 예루살렘에 모여 언약을 세웠다. "또 마음을 다하고 목숨을 다하여 조상들의 하나님 여호와를 찾기로 언약하고"(대하 15:12).

그러면 이때 '조상들의 하나님 여호와를 찾는다(히브리어 다라쉬)'는 것은 무슨 뜻일까? 그것은 여호와의 율법과 계명을 지키는 것을 뜻한다. 성경은 아사 왕과 여호사밧 왕이 한 일을 각각 이렇게 말한다. "유다 사람에게 명하여 그 조상들의 하나님 여호와를 찾게 하며 그의 율법과 명령을 행하게 하고"(대하 14:4). "오직 그의 아버지의 하나님께 구하며(다라쉬) 그의 계명을 행하고 이스라엘의 행위를 따르지 아니하였음이라"(대하 17:4). 또 성경은 히스기야 왕에 대해 이렇게 말한다. "그가 행하는 모든 일 곧 하나님의 전에 수종드는 일이나 율법이나 계명이나 그의 하나님을 찾고 한 마음으로 행하여 형통하였더라"(대하 31:21). 반대로 성경은 사울 왕에 대해 이렇게 말한다. "사울이 죽은 것은 여호와께 범죄하였기 때문이라 그가 여호와의 말씀을 지키지 아니하고 또 신접한 자에게 가르치기를 청하고(다라쉬) 여호와께 묻지(다라쉬) 아니하였으므로 여호와께서 그를 죽이시고 그 나라를 이새의 아들 다윗에게 넘겨 주셨더라"(대상 10:13-14).

이런 점에서 "조상들의 하나님 여호와를 찾기로 언약"한 것은 새로운 언약을 세운 것이 아니다. 이것은 시내산 언약을 갱신한 것이다.

네 번째 경우는 제사장 여호야다에 의한 언약 갱신이다. 유다 왕 아하시야가 죽었을 때 아하시야의 모친 아달랴는 왕의 씨를 진멸했다. 그 가운데 요아스 왕자만은 건짐을 받았다. 요아스가 7세가 되자 여호야다는 여호와의 말씀대로 그를 왕으로 세우며 언약을 세운다. "여호야다가 왕과 백성에게 여호와와 언약을 맺어 여호와의 백성이 되게 하고 왕과 백성 사이에도 언약을 세우게 하매"(왕하 11:17). "여호야다가 자기와 모든 백성과 왕 사이에 언약을 세워 여호와의 백성이 되리라 한지라"(대하 23:16).

이 언약의 핵심 내용은 '여호와의 백성이 된다'는 것이다. 이것은 백성이 여호와께 순종하여 그 명령과 규례를 행한다는 것을 의미한다. "모세와 레위 제사장들이 온 이스라엘에게 말하여 이르되

이스라엘아 잠잠하여 들으라 오늘 네가 네 하나님 여호와의 백성
이 되었으니 그런즉 네 하나님 여호와의 말씀을 청종하여 내가 오
늘 네게 명령하는 그 명령과 규례를 행할지니라"(신 27:9-10). 여호
야다는 요아스를 왕으로 세움으로써 백성이 여호와의 말씀에 순
종하게 한 것이다. "온 회중이 하나님의 전에서 왕과 언약을 세우
매 여호야다가 무리에게 이르되 여호와께서 다윗의 자손에게 대
하여 말씀하신 대로 왕자가 즉위하여야 할지니"(대하 23:3). 이처럼
언약의 내용은 여호와의 백성이 되는 것, 즉 여호와의 명령과 규
례를 지켜 행하는 것이다. 따라서 여호야다가 세운 언약은 새로운
것이 아니라 모세 언약의 갱신이다.

다섯 번째 경우는 히스기야 왕에 의한 언약 갱신이다. 히스기
야는 부친 아하스를 이어 왕위에 올랐다. 그런데 아하스는 성전
제사를 폐지하고 다른 신에게 제사한 것으로 유명하다. "아하스
가 하나님의 전의 기구들을 모아 하나님의 전의 기구들을 부수고
또 여호와의 전 문들을 닫고 예루살렘 구석마다 제단을 쌓고 유다
각 성읍에 산당을 세워 다른 신에게 분향하여 그의 조상들의 하나
님 여호와를 진노하게 하였더라"(대하 28:24-25). 그래서 히스기야
는 왕위에 오르자 성전 제사부터 회복시켰다. 그는 성전 문을 다
시 열고 수리했으며, 제사장들과 레위 사람들을 모으고 그들에게
말했다. "레위 사람들아 내 말을 들으라 이제 너희는 성결하게 하

고 또 너희 조상들의 하나님 여호와의 전을 성결하게 하여 그 더러운 것을 성소에서 없애라 우리 조상들이 범죄하여 우리 하나님 여호와 보시기에 악을 행하여 하나님을 버리고 얼굴을 돌려 여호와의 성소를 등지고 또 낭실 문을 닫으며 등불을 끄고 성소에서 분향하지 아니하며 이스라엘의 하나님께 번제를 드리지 아니하므로 여호와께서 유다와 예루살렘에 진노하시고 내버리사 두려움과 놀람과 비웃음거리가 되게 하신 것을 너희가 똑똑히 보는 바라 이로 말미암아 우리의 조상들이 칼에 엎드러지며 우리의 자녀와 아내들이 사로잡혔느니라"(대하 29:5-9). 그래서 히스기야는 하나님으로 더불어 언약을 세우기로 한다. "이제 이스라엘의 하나님 여호와와 더불어 언약을 세워 그 맹렬한 노를 우리에게서 떠나게 할 마음이 내게 있노니"(대하 29:10).

그랬을 때 성경은 히스기야의 말을 들은 레위인들이 한 일을 이렇게 말한다. "그들이 그들의 형제들을 모아 성결하게 하고 들어가서 왕이 여호와의 말씀대로 명령한 것을 따라 여호와의 전을 깨끗하게 할새"(대하 29:15). 레위인들이 한 일은 "여호와의 말씀"에 순종한 것이다. 이것은 그들이 율법대로 지키려고 했음을 의미한다. 따라서 히스기야가 세운 언약은 새로운 것이 아니라 모세 언약의 갱신이다.

여섯 번째 경우는 요시야 왕에 의한 언약 갱신이다. 요시야는 성전을 수리하게 했는데, 그 과정에서 율법책이 발견되었다. 요시야는 율법책의 내용을 듣고 중요한 사실을 알게 되었다. 그것은 예루살렘 거민이 율법책에 기록된 것을 지키지 않아 율법책에 기록된 저주가 그들에게 임할 것이라는 사실이다.

그래서 요시야 왕은 여호와 앞에서 언약을 세우고 예루살렘 거민을 참여시켰다. "왕이 자기 처소에 서서 여호와 앞에서 언약을 세우되 마음을 다하고 목숨을 다하여 여호와를 순종하고 그의 계명과 법도와 율례를 지켜 이 책에 기록된 언약의 말씀을 이루리라 하고 예루살렘과 베냐민에 있는 자들이 다 여기에 참여하게 하매 예루살렘 주민이 하나님 곧 그의 조상들의 하나님의 언약을 따르니라"(대하 34:31-32, 참조. 왕하 23:3). 여기 언약의 내용은 이런 것이다. "마음을 다하고 목숨을 다하여 여호와를 순종하고 그의 계명과 법도와 율례를 지켜 이 책에 기록된 언약의 말씀을 이루리라." 새로운 언약이 아니다. 하나님이 시내산에서 그들의 조상과 세우신 언약을 갱신한 것이다. 그래서 성경은 이어서 이렇게 말한다. "예루살렘 주민이 하나님 곧 그의 조상들의 하나님의 언약을 따르니라."

일곱 번째 경우는 에스라에 의한 언약 갱신이다. 바벨론 포로생활에서 돌아온 그는 방백들에게서 한 소식을 듣는다. 이스라엘 사람과 이방인의 결혼에 대한 소식이다(스 9:1-2). 이 소식을 들은 에스라는 하나님께 죄를 자복하며 말했다. "우리 하나님이여 이렇게 하신 후에도 우리가 주의 계명을 저버렸사오니 이제 무슨 말씀을 하오리이까 … 우리가 어찌 다시 주의 계명을 거역하고 이 가증한 백성들과 통혼하오리이까"(스 9:10, 14). 여기서 에스라가 말한 "주의 계명"은 율법에 나타난 것이다(레 18:3; 신 7:14; 23:3).

이런 가운데 스가냐라는 사람이 에스라에게 말했다. "우리가 우리 하나님께 범죄하여 이 땅 이방 여자를 맞이하여 아내로 삼았으나 이스라엘에게 아직도 소망이 있나니 곧 내 주의 교훈을 따르며 우리 하나님의 명령을 떨며 준행하는 자의 가르침을 따라 이 모든 아내와 그들의 소생을 다 내보내기로 우리 하나님과 언약을 세우고 율법대로 행할 것이라 이는 당신이 주장할 일이니 일어나소서 우리가 도우리니 힘써 행하소서"(스 10:2-4). 스가냐는 에스라에게 하나님과 언약을 세우자고 요청한 것이다. 이때 언약의 내용은 "율법대로 행할 것이라"는 말로 표현된다. 따라서 이 언약은 새로운 것이 아니다. 이것은 모세 언약의 갱신이다. 그래서 에스라는 스가냐의 말대로 언약을 갱신한다. "이에 에스라가 일어나 제사장들과 레위 사람들과 온 이스라엘에게 이 말대로 행하기를 맹세하게 하매 무리가 맹세하는지라"(스 10:5).

마지막 여덟 번째 경우는 느헤미야에 의한 언약 갱신이다. 예루살렘 성벽이 완공된 후 이스라엘 자손은 모여 기도하는 가운데 이렇게 말했다. "우리의 죄로 말미암아 주께서 우리 위에 세우신 이방 왕들이 이 땅의 많은 소산을 얻고 그들이 우리의 몸과 가축을 임의로 관할하오니 우리의 곤란이 심하오며 우리가 이 모든 일로 말미암아 이제 견고한 언약을 세워 기록하고 우리의 방백들과 레위 사람들과 제사장들이 다 인봉하나이다"(느 9:37-38). 이스라엘 자손은 그들이 당한 심한 곤란 때문에 언약을 세워 기록했다. 여기에 방백 느헤미야를 비롯해서 제사장들과 레위 사람들, 백성의 두목들이 인을 쳤다.

이 언약의 내용은 이런 것이다. "다 그들의 형제 귀족들을 따라 저주로 맹세하기를 우리가 하나님의 종 모세를 통하여 주신 하나님의 율법을 따라 우리 주 여호와의 모든 계명과 규례와 율례를 지켜 행하여"(느 10:29). 그 구체적인 내용은 이방인과의 결혼 금지, 안식일 준수, 성전을 위한 헌신 등이다. 따라서 이 언약은 새로운 것이 아니라 모세 언약의 갱신이다.

이처럼 성경에 나타난 언약 갱신의 이유와 목적은 다양하다. 그러나 언약 갱신의 내용은 언제나 한 가지 사실에 초점을 맞추고 있다. 그것은 하나님의 계명을 지키는 것, 즉 하나님께 순종하는 것이다. 이 점에서 언약 갱신은 언제나 시내산 언약의 갱신이다. 이러한 언약 갱신은 개혁과 관련이 있다. 언약 갱신은 삶의 진정한 변화를 도모하기 위한 것이다.

조나단 에드워즈의 교회 언약

조나단 에드워즈는 구약에 나타난 이러한 언약 갱신의 방식을 노샘프턴교회에 도입했다. 그는 1740년부터 시작된 부흥의 결과를 보존하려고 교회 언약을 만들었다. 그래서 1742년 3월 16일 14세 이상의 모든 사람이 예배당에 모인 가운데 예식을 치렀다. 교인들은 모두 자리에서 일어나 그 언약에 동의를 표했다. 이 사건을 말하면서 조지 M. 마즈던(George M. Marsden)은 이런 설명을 달았다.

> ● 개혁신학에 따르면, 율법의 용도 중 하나는 은혜에 대한 반응으로서 그리스도인의 삶에 대한 지침을 주는 것이었다. 그래서 청교도들은 전적으로 공로 없는 은혜에 의한 구원을 설교함과 동시에 고대 이스라엘의 실행을 복제한 도덕법(의식법이 아닌)의 체계로 교회를 인도할 수 있었다.[07]

마즈던은 율법의 세 번째 용도를 언급한 것이었다. 이런 면에서 시내산 언약은 오늘날 우리에게도 여전히 의미가 있다. 그것은 우

---

07 George M. Marsden, *Jonathan Edwards: A Life* (New Haven, CT: Yale University Press, 2003), 261.

리에게 '그리스도인의 삶에 대한 지침'을 주기 때문이다. 따라서 계명을 지키기 위한 언약 갱신은 우리에게도 필요하다. 그렇지만 여기에는 '은혜에 대한 반응으로서'라는 단서가 붙는다. 그러기에 시내산 언약은 필연적으로 새 언약의 은혜를 바라본다.

핵심 질문

1 언약을 깨는 일은 실제로 어떻게 일어납니까?

2 성경에 나타난 언약 갱신의 사례를 말해 보십시오.

3 성경에서 언약 갱신은 무슨 언약을 갱신한 것입니까?

4 성경에 나타난 언약 갱신은 어디에 초점을 둡니까?

5 계명을 지키기 위한 언약 갱신은 왜 오늘 우리에게도 필요합니까?

COVENANT & COMMUNION

09

새 언약

⋮

■ 여호와의 말씀이니라 보라 날이 이르리니 내가 이스라엘 집과 유다 집에 새 언약을 맺으리라 이 언약은 내가 그들의 조상들의 손을 잡고 애굽 땅에서 인도하여 내던 날에 맺은 것과 같지 아니할 것은 내가 그들의 남편이 되었어도 그들이 내 언약을 깨뜨렸음이라 여호와의 말씀이니라 그러나 그 날 후에 내가 이스라엘 집과 맺을 언약은 이러하니 곧 내가 나의 법을 그들의 속에 두며 그들의 마음에 기록하여 나는 그들의 하나님이 되고 그들은 내 백성이 될 것이라 여호와의 말씀이니라 그들이 다시는 각기 이웃과 형제를 가르쳐 이르기를 너는 여호와를 알라 하지 아니하리니 이는 작은 자로부터 큰 자까지 다 나를 알기 때문이라 내가 그들의 악행을 사하고 다시는 그 죄를 기억하지 아니하리라 여호와의 말씀이니라 _ 렘 31:31-34

성경에서 "새 언약"이라는 말은 예레미야 31장에서 처음 나타난다. 여기서 강조된 것은 새 언약에 대한 말씀이 하나님에 의한 것이라는 사실이다. "여호와의 말씀이니라 … 여호와의 말씀이니라 … 여호와의 말씀이니라 … 여호와의 말씀이니라"(31, 32, 33, 34절).

새 언약의 당사자인 교회

그러면 새 언약에 대한 하나님의 말씀을 살펴보자. 우선 하나님은 장차 새 언약을 세우실 것이라고 예고하신다. "보라 날이 이르리니 내가 이스라엘 집과 유다 집에 새 언약을 맺으리라 … 그러나 그 날 후에 내가 이스라엘 집과 맺을 언약은 이러하니"(31, 33절). 이때 하나님께서 세우실 새 언약의 당사자는 "이스라엘 집과 유다 집" 또는 "이스라엘 집"이다. 여기서 이스라엘은 교회를 예표한다. 이것은 교회와 이스라엘이 완전히 분리되지도 동일시되지도 않음을 의미한다. 그래서 교회는 혈통에 의한 민족적 이스라엘이 아닌 "하나님의 이스라엘"(갈 6:16)로 불린다.

따라서 하나님이 세우실 새 언약의 당사자는 교회다. 이 사실은 히브리서에서 명백히 드러난다. "그러나 너희가 이른 곳은 시온 산과 살아 계신 하나님의 도성인 하늘의 예루살렘과 천만 천사와 하늘에 기록된 장자들의 모임과 교회와 만민의 심판자이신 하나님과 및 온전하게 된 의인의 영들과 새 언약의 중보자이신 예수와 및 아벨의 피보다 더 나은 것을 말하는 뿌린 피니라"(히 12:22-24). 이것은 앞에 나온 시내산의 이스라엘(18-21절)과 대비되는 시온산의 교회에 대한 설명이다. 여기서 교회는 새 언약의 당사자로 명시된다.

새 언약과 율법

그런 다음 하나님은 "새 언약"에 대해 설명하신다. 하나님은 왜 이 언약을 "새 언약"이라고 부르신 것일까? "새 언약"은 어떤 점에서 새로운 것일까? 여기서 하나님은 "새 언약"을 옛 언약과 대조하신다. "이 언약은 내가 그들의 조상들의 손을 잡고 애굽 땅에서 인도하여 내던 날에 맺은 것과 같지 아니할 것은 내가 그들의 남편이 되었어도 그들이 내 언약을 깨뜨렸음이라"(렘 31:32). 이때 옛 언약은 모세 언약을 말한다. 이렇게 말씀하시기 때문이다. "내가 그들의 조상들의 손을 잡고 애굽 땅에서 인도하여 내던 날에 맺은 것" 이것은 하나님께서 시내산에서 모세를 통해 이스라엘과 세우신 언약을 가리킨다. 그런데 이 옛 언약의 문제는 이스라엘의 실패에 있다. "내가 그들의 남편이 되었어도 그들이 내 언약을 깨뜨렸음이라." 이스라엘은 율법(계명)을 지키지 못함으로써 언약을 깨뜨리고 만 것이다.

이렇게 된 이유는 분명하다. 하나님은 이스라엘에게 율법을 주셨지만, 그 율법을 지킬 힘은 주시지 않았다. 율법은 그들에게 도덕적 지침을 제시할 뿐, 그 지침대로 살 수 있는 힘은 제공하지 못한다. 율법은 바울이 말한 대로 거룩하고 신령하고 선하다(롬 7:12, 14, 16). 문제는 사람이 죄로 인해 부패하여 율법을 지킬 수 없다는 것이다(전적 무능). 성경은 그 사실을 이렇게 말한다. "율법이 육신으로 말미암아 연약하여 할 수 없는 그것을 … 율법의 요구가 이루어지게 하려 하심이니라"(롬 8:3-4). "육신의 생각은 하나님과 원수가 되나니 이는 하나님의 법에 굴복하지 아니할 뿐 아니라 할 수도 없음이라 육신에 있는 자들은 하나님을 기쁘시게 할 수 없느니라"(롬 8:7-8).

여기서 하나님은 "새 언약"이 옛 언약과 다른 점을 이렇게 말씀하신다. "곧 내가 나의 법을 그들의 속에 두며 그들의 마음에 기록하여 나는 그들의 하나님이 되고 그들은 내 백성이 될 것이라"(렘 31:33). 옛 언약에서 하나님은 십계명을 두 돌판에 기록하셨다. "여호와께서 그의 언약을 너희에게 반포하시고 너희에게 지키라 명령하셨으니 곧 십계명이며 두 돌판에 친히 쓰신 것이라"(신 4:13). 이렇게 주어진 율법은 외형적인 규정에 불과할 뿐 삶의 내적인 원리는 되지 못한다. 사도 바울은 율법의 이러한 한계를 나타낼 때 "율법 조문"(개역한글 성경 "의문")이라는 말을 사용한다. 이 말은 외형상 단지 문자로 기록된 율법을 가리킨다. 그래서 바울은 이스라엘이 율법을 갖고 있을 뿐 지키지 못한다는 점을 이렇게 말한다. "또한 본래 무할례자가 율법을 온전히 지키면 율법 조문과 할례를 가지고 율법을 범하는 너를 정죄하지 아니하겠느냐"(롬 2:27).

그런데 바울이 사용한 "율법 조문"이라는 말은 언제나 "영"이라는 말과 대조를 이룬다. 이때 "영"은 성령을 가리킨다. "오직 이면적 유대인이 유대인이며 할례는 마음에 할지니 영에 있고 율법 조문에 있지 아니한 것이라 그 칭찬이 사람에게서가 아니요 다만 하나님에게서니라"(롬 2:29). "이제는 우리가 얽매였던 것에 대하여 죽었으므로 율법에서 벗어났으니 이러므로 우리가 영의 새로운 것으로 섬길 것이요 율법 조문의 묵은 것으로 아니할지니라"(롬 7:6). "그가 또한 우리를 새 언약의 일꾼 되기에 만족하게 하셨으니 율법 조문으로 하지 아니하고 오직 영으로 함이니 율법 조문은 죽이는 것이요 영은 살리는 것이니라"(고후 3:6). 이러한 "율법 조문"과 "영"의 대조는 묵은 것과 새로운 것, 옛 언약과 새 언약의 대조를 나타낸다.

본문에서 하나님은 새 언약을 세움으로써 율법을 마음에 기록할 것을 말씀하셨다. "곧 내가 나의 법을 그들의 속에 두며 그들의 마음에 기록하여." 그런데 이것은 성령에 의해 이루어질 것이다. 이 사실은 바울이 '새 언약의 일꾼'을 말하는 문맥 속에서 분명히 드러난다. "너희는 우리로 말미암아 나타난 그리스도의 편지니 이는 먹으로 쓴 것이 아니요 오직 살아 계신 하나님의 영으로 쓴 것이며 또 돌판에 쓴 것이 아니요 오직 육의 마음판에 쓴 것이라"(고후 3:3). 이것은 바울 자신이 새 언약의 일꾼으로서 고린도교회 성도들에게 한 일을 설명한 것이다.

그 일은 성령께서 그들의 마음을 변화시킴으로써 그들이 율법을 지킬 수 있게 된 것이다. 이것은 일찍이 하나님께서 에스겔 선지자를 통해 말씀하신 것이다. "내가 그들에게 한 마음을 주고 그속에 새 영을 주며 그 몸에서 돌 같은 마음을 제거하고 살처럼 부드러운 마음을 주어 내 율례를 따르며 내 규례를 지켜 행하게 하리니 그들은 내 백성이 되고 나는 그들의 하나님이 되리라"(겔 11:19-20). "또 새 영을 너희 속에 두고 새 마음을 너희에게 주되너희 육신에서 굳은 마음을 제거하고 부드러운 마음을 줄 것이며 또 내 영을 너희 속에 두어 너희로 내 율례를 행하게 하리니 너희가 내 규례를 지켜 행할지라 내가 너희 조상들에게 준 땅에서 너희가 거주하면서 내 백성이 되고 나는 너희 하나님이 되리라"(겔

36:26-28).

사도 바울은 우리가 어떻게 율법의 요구를 이루게 되는지 말해준다. 그 일은 성령에 의해서 일어난다. "이는 그리스도 예수 안에 있는 생명의 성령의 법이 죄와 사망의 법에서 너를 해방하였음이라 율법이 육신으로 말미암아 연약하여 할 수 없는 그것을 하나님은 하시나니 곧 죄로 말미암아 자기 아들을 죄 있는 육신의 모양으로 보내어 육신에 죄를 정하사 육신을 따르지 않고 그 영을 따라 행하는 우리에게 율법의 요구가 이루어지게 하려 하심이니라"(롬 8:2-4). 여기서 율법을 지키지 못함으로써 언약을 깰 수밖에 없었던 이스라엘의 실패가 극복된다. 이것이 새 언약을 통해 교회가 경험하게 되는 놀라운 축복이다. 그래서 바울은 갈라디아 교회들에게 이렇게 말한 것이다. "너희가 만일 성령의 인도하시는 바가 되면 율법 아래에 있지 아니하리라"(갈 5:18).

이렇게 성령을 통해 율법을 지킬 수 있을 때 언약의 목적은 성취될 것이다. "나는 그들의 하나님이 되고 그들은 내 백성이 될 것이라"(렘 31:33). 이것은 이전의 언약에서도 나타나는 동일한 목적이다.

아브라함 언약 _

● 내가 내 언약을 나와 너 및 네 대대 후손 사이에 세
워서 영원한 언약을 삼고 너와 네 후손의 하나님이 되리라 _ 창
17:7

모세 언약 _

● 이제 애굽 사람이 종으로 삼은 이스라엘 자손의 신
음 소리를 내가 듣고 나의 언약을 기억하노라 그러므로 이스라엘
자손에게 말하기를 나는 여호와라 내가 애굽 사람의 무거운 짐 밑
에서 너희를 빼내며 그들의 노역에서 너희를 건지며 편 팔과 여러
큰 심판들로써 너희를 속량하여 너희를 내 백성으로 삼고 나는 너
희의 하나님이 되리니 나는 애굽 사람의 무거운 짐 밑에서 너희를
빼낸 너희의 하나님 여호와인 줄 너희가 알지라 _ 출 6:5-7

● 여호와께서 네게 말씀하신 대로 또 네 조상 아브라
함과 이삭과 야곱에게 맹세하신 대로 오늘 너를 세워 자기 백성을
삼으시고 그는 친히 네 하나님이 되시려 함이니라 _ 신 29:13

다윗 언약 _

● 여호야다가 왕과 백성에게 여호와와 언약을 맺어

여호와의 백성이 되게 하고 **왕과 백성 사이에도 언약을 세우게 하**

매 _ 왕하 11:17

이처럼 새 언약은 이전 언약의 목적을 성취한다. 이런 점에서 새 언약은 이전 언약을 대체한다. 그리스도인은 새 언약 안에서 하나님의 백성으로서 그분과 교제하는 삶을 살게 된다.

새 언약과 하나님을 아는 지식

이렇게 하나님이 성령을 통해 율법을 마음에 기록하심으로써 새 언약은 이전 언약과 중요한 차이를 보인다. "그들이 다시는 각기 이웃과 형제를 가르쳐 이르기를 너는 여호와를 알라 하지 아니하리니 이는 작은 자로부터 큰 자까지 다 나를 알기 때문이라"(렘 31:34상). 새 언약의 구성원은 이전 언약의 구성원과 구조적인 차이가 있다. 이전 언약의 경우 구성원이 되는 것은 계보에 따랐다. 다시 말하면, 출생과 할례에 의해 언약 구성원이 된 것이다. 따라서 이전 언약의 경우 구성원이 모두 거듭난 것은 아니었다. 거듭나지 않고도 언약의 구성원이 되는 경우가 많았다. 그에 비해 새 언약의 경우 구성원이 되는 것은 성령에 의한 거듭남과 믿음에 따른 것이다. 따라서 새 언약의 경우 구성원이 모두 거듭난 것이다.

그러면 새 언약의 구성원은 모두 거듭난 자로서 하나님을 안다고 할 수 있다. 그들에게는 성령이 보편적으로 주어지기 때문이다. 이 점은 이전 언약의 경우와 다르다. 이전 언약 아래에서 성령은 선지자, 제사장, 왕, 그 외 소수의 특수한 사람들에게만 주어졌다. 그래서 다른 사람은 그들을 통해서만 하나님을 알 수 있었다. 그러나 이제 새 언약 아래서는 누구나 직접 성령을 통해 하나님을 알 수 있다. 이것이 본문에서 "작은 자로부터 큰 자까지 다 나를 알기 때문이라"고 말한 이유다.

이것은 새 언약을 통해 교회가 경험하게 되는 또 다른 축복이다. 교회는 구성원이 모두 성령을 통해 하나님을 알게 된다. 바울은 그 사실을 이렇게 말했다. "오직 하나님이 성령으로 이것을 우리에게 보이셨으니 성령은 모든 것 곧 하나님의 깊은 것까지도 통달하시느니라"(고전 2:10). 그래서 사도 요한은 이렇게 썼다. "너희는 거룩하신 자에게서 기름 부음을 받고 모든 것을 아느니라 … 너희는 주께 받은 바 기름 부음이 너희 안에 거하나니 아무도 너희를 가르칠 필요가 없고 오직 그의 기름 부음이 모든 것을 너희에게 가르치며 또 참되고 거짓이 없으니 너희를 가르치신 그대로 주 안에 거하라"(요일 2:20, 27).

새 언약과 죄 사함

이와 함께 새 언약이 옛 언약과 다른 점이 또 있다. "내가 그들의 악행을 사하고 다시는 그 죄를 기억하지 아니하리라"(렘 31:34 하). 이것은 완전한 죄 사함을 의미한다. 그래서 히브리서 기자는 이 구절을 인용하면서 이렇게 말한다. "또 그들의 죄와 그들의 불법을 내가 다시 기억하지 아니하리라 하셨으니 이것들을 사하셨은즉 다시 죄를 위하여 제사 드릴 것이 없느니라"(히 10:17-18). 완전히 죄가 사해졌기에 더는 제사가 필요 없음을 말한 것이다.

옛 언약에도 죄 사함을 위한 제사가 있었다. 그러나 그 제사로는 완전한 죄 사함을 이룰 수 없었다. 그 제사가 양심을 온전케 할 수 없었기 때문이다. "이 장막은 현재까지의 비유니 이에 따라 드리는 예물과 제사는 섬기는 자를 그 양심상 온전하게 할 수 없나니"(히 9:9). 양심을 온전케 하기 위해서는 짐승 제사가 아닌 그리스도의 제사가 필요했다. "그리스도께서는 장래 좋은 일의 대제사장으로 오사 손으로 짓지 아니한 것 곧 이 창조에 속하지 아니한 더 크고 온전한 장막으로 말미암아 염소와 송아지의 피로 하지 아니하고 오직 자기의 피로 영원한 속죄를 이루사 단번에 성소에 들어가셨느니라 염소와 황소의 피와 및 암송아지의 재를 부정한 자에게 뿌려 그 육체를 정결하게 하여 거룩하게 하거든 하물며 영원하신 성령으로 말미암아 흠 없는 자기를 하나님께 드린 그리스도의 피가 어찌 너희 양심을 죽은 행실에서 깨끗하게 하고 살아 계신 하나님을 섬기게 하지 못하겠느냐 이로 말미암아 그는 새 언약의 중보자시니 이는 첫 언약 때에 범한 죄에서 속량하려고 죽으사 부르심을 입은 자로 하여금 영원한 기업의 약속을 얻게 하려 하심이라"(히 9:11-15).

여기서 완전한 죄 사함을 가능하게 한 것은 그리스도의 피, 즉 희생제물로서 그의 죽음이다. 그리고 이 점에서 그리스도는 "새 언약의 중보자"가 되신다. 그래서 히브리서 기자는 옛 언약의 제사와 새 언약의 제사를 대조해 말한다. 옛 언약의 제사는 완전한 죄 사함을 이룰 수 없기에 자주 반복되었다. 반면 새 언약의 제사는 완전한 죄 사함이 가능했기에 한 번으로 끝났다. "대제사장이 해마다 다른 것의 피로써 성소에 들어가는 것 같이 자주 자기를 드리려고 아니하실지니 그리하면 그가 세상을 창조한 때부터 자주 고난을 받았어야 할 것이로되 이제 자기를 단번에 제물로 드려 죄를 없이 하시려고 세상 끝에 나타나셨느니라 … 이와 같이 그리스도도 많은 사람의 죄를 담당하시려고 단번에 드리신 바 되셨고"(히 9:25-26, 28). "이 뜻을 따라 예수 그리스도의 몸을 단번에 드리심으로 말미암아 우리가 거룩함을 얻었노라 제사장마다 매일 서서 섬기며 자주 같은 제사를 드리되 이 제사는 언제나 죄를 없게 하지 못하거니와 오직 그리스도는 죄를 위하여 한 영원한 제사를 드리시고 하나님 우편에 앉으사 그 후에 자기 원수들을 자기 발등상이 되게 하실 때까지 기다리시나니 그가 거룩하게 된 자들을 한 번의 제사로 영원히 온전하게 하셨느니라"(히 10:10-14). 이처럼 그리스도께서 새 언약의 중보이신 것은 그의 피, 즉 희생제물로서 그의 죽음 때문이다. 그의 피가 완전한 죄 사함을 가능하게 했기 때문이다.

완전한 죄 사함을 가져올 새 언약에 대한 예레미야의 예언은 예수 그리스도를 통해 성취되었다. 예수님은 십자가에 달리시기 전 성찬을 제정하시면서 이 사실을 말씀하셨다. "저녁 먹은 후에 잔도 그와 같이 하여 이르시되 이 잔은 내 피로 세우는 새 언약이니 곧 너희를 위하여 붓는 것이라"(눅 22:20). "식후에 또한 그와 같이 잔을 가지시고 이르시되 이 잔은 내 피로 세운 새 언약이니 이것을 행하여 마실 때마다 나를 기념하라 하셨으니"(고전 11:25).

그런데 마태는 같은 사실을 이렇게 기록했다. "또 잔을 가지사 감사 기도 하시고 그들에게 주시며 이르시되 너희가 다 이것을 마시라 이것은 죄 사함을 얻게 하려고 많은 사람을 위하여 흘리는 바 나의 피 곧 언약의 피니라"(마 26:27-28). 여기서는 언약의 피로서 그리스도의 피가 죄 사함을 얻게 한다는 점이 강조된다.

죄 사함은 새 언약을 통해 교회가 경험하는 근본적인 축복이다.

죄 사함을 받은 결과 우리가 하나님께 담대히 나아갈 수 있게 되었기 때문이다. 그래서 히브리서 기자는 죄 사함에 대해 말한 다음 이어서 이렇게 말한다. "그러므로 형제들아 우리가 예수의 피를 힘입어 성소에 들어갈 담력을 얻었나니"(히 10:19).

핵심 질문

1 새 언약의 당사자는 누구입니까?

2 율법과 관련해 새 언약이 옛 언약과 다른 점은 무엇입니까?

3 하나님을 아는 지식과 관련해 새 언약이 옛 언약과 다른 점은 무엇입니까?

4 죄 사함과 관련해 새 언약이 옛 언약과 다른 점은 무엇입니까?

5 이러한 차이가 생기게 된 요인은 무엇입니까?

10

창조 언약

● 하나님이 그들에게 복을 주시며 하나님이 그들에게 이르시되 생육하고 번성하여 땅에 충만하라, 땅을 정복하라, 바다의 물고기와 하늘의 새와 땅에 움직이는 모든 생물을 다스리라 하시니라 _ 창 1:28

● 여호와 하나님이 그 사람에게 명하여 이르시되 동산 각종 나무의 열매는 네가 임의로 먹되 선악을 알게 하는 나무의 열매는 먹지 말라 네가 먹는 날에는 반드시 죽으리라 하시니라 _ 창 2:16-17

● 내가 너로 여자와 원수가 되게 하고 네 후손도 여자의 후손과 원수가 되게 하리니 여자의 후손은 네 머리를 상하게 할

것이요 너는 그의 발꿈치를 상하게 할 것이니라 하시고 _ 창 3:15

언약은 대개 셋으로 구분된다. 먼저 창조 이전의 언약이 있다. 이것은 삼위 하나님 사이에 맺은 영원한 언약으로 '구속 언약'이라 부른다. 그다음 창조 이후의 언약이 있다. 여기에는 타락 이전의 '행위 언약'과 타락 이후의 '은혜 언약'이 있다. 행위 언약이 하나님께서 아담 안에서 인류와 맺은 관계를 말한다면, 은혜 언약은 하나님이 그리스도 안에서 그의 백성과 맺은 관계를 말한다.

창조 언약의 근거

이러한 창조 이후의 언약은 창세기 1-3장에서 창조와 함께 시작된다. 여기에는 언약이라는 말이 나오지 않지만, 이렇게 보는 몇 가지 근거가 있다.

첫째, 언약이라는 말이 나오지 않는다고 해서 언약이 존재하지 않는다고 단정할 수 없다. 다윗 언약을 기록한 사무엘하 7장(대상 17장)에도 정작 언약이라는 말이 나오지 않는다. 이 사실은 성경의 다른 곳에서 확인될 뿐이다. "주께서 이르시되 나는 내가 택한 자와 언약을 맺으며 내 종 다윗에게 맹세하기를 내가 네 자손을 영원히 견고히 하며 네 왕위를 대대에 세우리라 하셨나이다"(시 89:3-4). "여호와께서 다윗에게 성실히 맹세하셨으니 변하지 아니하실지라 이르시기를 네 몸의 소생을 네 왕위에 둘지라 네 자손이 내 언약과 그들에게 교훈하는 내 증거를 지킬진대 그들의 후손도 영원히 네 왕위에 앉으리라 하셨도다"(시 132:11-12). "내 종 다윗에게 세운 나의 언약도 깨뜨려 그에게 그의 자리에 앉아 다스릴 아들이 없게 할 수 있겠으며"(렘 33:21). 마찬가지로 창세기 1-3장의 언약도 성경의 다른 곳에서 확인될 뿐이다. "그들은 아담처럼 언약을 어기고 거기에서 나를 반역하였느니라"(호 6:7).

둘째, 홍수 후에 세워진 노아 언약은 여러 면에서 첫 창조와 유사하다. 우선 노아 언약에서 새 창조는 이렇게 시작된다. "하나님이 노아와 그와 함께 방주에 있는 모든 들짐승과 가축을 기억하사 하나님이 바람(루아흐)을 땅 위에 불게 하시매 물(마임)이 줄어들었고"(창 8:1). 이것은 첫 창조의 시작과 유사하다. "땅이 혼돈하고 공허하며 흑암이 깊음 위에 있고 하나님의 영(루아흐)은 수(마임)면 위에 운행하시니라"(창 1:2).

새 창조에서 하나님이 생물로 생육하고 번성하게 하신 것도 유사하다. "너와 함께 한 모든 혈육 있는 생물 곧 새와 가축과 땅에 기는 모든 것을 다 이끌어내라 이것들이 땅에서 생육하고 땅에서 번성하리라 하시매"(창 8:17). 첫 창조에서도 하나님은 모든 생물로 생육하고 번성하게 하셨다(창 1:20-22, 24-25).

새 창조에서 하나님이 계절과 낮과 밤의 변화가 있게 하신 것
도 유사하다. "땅이 있을 동안에는 심음과 거둠과 추위와 더위와
여름과 겨울과 낮과 밤이 쉬지 아니하리라"(창 8:22). 첫 창조에서
도 하나님은 해와 달을 만들어 낮과 밤, 계절의 변화가 있게 하셨
다(창 1:14-18).

하나님께서 인간에게 복을 주시며 생육하고 번성하게 하신 것
도 첫 창조와 유사하다. "하나님이 노아와 그 아들들에게 복을 주
시며 그들에게 이르시되 생육하고 번성하여 땅에 충만하라 … 너
희는 생육하고 번성하며 땅에 가득하여 그 중에서 번성하라 하셨
더라"(창 9:1, 7). "하나님이 그들에게 복을 주시며 하나님이 그들에
게 이르시되 생육하고 번성하여 땅에 충만하라"(창 1:28).

하나님께서 인간으로 하여금 세상을 다스리게 하신 것도 첫 창
조와 유사하다. "땅의 모든 짐승과 공중의 모든 새와 땅에 기는 모
든 것과 바다의 모든 물고기가 너희를 두려워하며 너희를 무서워
하리니 이것들은 너희의 손에 붙였음이니라"(창 9:2). "하나님이 이
르시되 우리의 형상을 따라 우리의 모양대로 우리가 사람을 만들
고 그들로 바다의 물고기와 하늘의 새와 가축과 온 땅과 땅에 기
는 모든 것을 다스리게 하자 하시고 … 땅을 정복하라, 바다의 물
고기와 하늘의 새와 땅에 움직이는 모든 생물을 다스리라 하시니

라"(창 1:26, 28). "여호와 하나님이 그 사람을 이끌어 에덴 동산에 두어 그것을 경작하며 지키게 하시고"(창 2:15).

하나님이 인간에게 음식을 제공하신 것도 유사하다. "모든 산 동물은 너희의 먹을 것이 될지라 채소 같이 내가 이것을 다 너희에게 주노라"(창 9:3). "하나님이 이르시되 내가 온 지면의 씨 맺는 모든 채소와 씨 가진 열매 맺는 모든 나무를 너희에게 주노니 너희의 먹을 거리가 되리라"(창 1:29).

하나님이 자기 형상대로 사람을 지으신 사실은 홍수 후에도 그대로 유지된다는 점에서 새 창조는 첫 창조와 유사하다. "다른 사람의 피를 흘리면 그 사람의 피도 흘릴 것이니 이는 하나님이 자기 형상대로 사람을 지으셨음이니라"(창 9:6). "하나님이 이르시되 우리의 형상을 따라 우리의 모양대로 우리가 사람을 만들고"(창 1:26).

이렇게 볼 때, 노아는 일종의 새로운 아담이라고 할 수 있다. 따라서 새 창조의 시작이 노아 언약이라면, 첫 창조의 시작은 아담 언약이라고 보는 것이 합당하다. 노아 언약은 아담 언약의 갱신인 셈이다.

이와 함께 윌리엄 둠브렐(W. J. Dumbrell)의 관찰도 참고할 만하다.[08] 그에 따르면, 성경에서는 새로운 언약의 시작을 말할 때 '카라트'(자르다)라는 말을 사용한다. 예를 들면, "그 날에 여호와께서 아브람과 더불어 언약을 세워(카라트) 이르시되 내가 이 땅을 애굽 강에서부터 그 큰 강 유브라데까지 네 자손에게 주노니"(창 15:18). 그에 비해 이미 존재하는 언약의 갱신을 말할 때는 '쿰' 또는 '나탄'이라는 말을 사용한다. 그래서 창세기 17장에서 하나님이 아브라함과 다시 언약을 세우신 것은 '쿰'(7, 19, 21절) 또는 '나탄'(2절)이라는 말로 표현된다. 그런데 노아 언약에서는 '카라트' 대신 '쿰' 또는 '나탄'이 사용되었다. "그러나 너와는 내가 내 언약을 세우리니(쿰) 너는 네 아들들과 네 아내와 네 며느리들과 함께 그 방주로 들어가고"(창 6:18). 홍수 후 언약을 세운 것을 말할 때도 '쿰'(창 9:9, 11, 17)과 '나탄'(창 9:12)이 사용되었다. 그렇다면 노아 언약은 이미 존재하는 아담 언약을 갱신한 것이라는 결론이 나온다.

셋째, 아담과 그리스도의 유사점이 창조 언약을 지지한다. "그러므로 한 사람으로 말미암아 죄가 세상에 들어오고 죄로 말미암아 사망이 들어왔나니 이와 같이 모든 사람이 죄를 지었으므로 사망이 모든 사람에게 이르렀느니라 죄가 율법 있기 전에도 세상에 있었으나 율법이 없었을 때에는 죄를 죄로 여기지 아니하였느니

---

08 W. J. Dumbrell, *Covenant and Creation: A Theology of Old Testament Covenants*.
『언약과 창조: 구약 언약의 신학』, 최우성 역(서울: 크리스챤서적, 2001), pp.36-39.

라 그러나 아담으로부터 모세까지 아담의 범죄와 같은 죄를 짓지 아니한 자들까지도 사망이 왕 노릇 하였나니 아담은 오실 자의 모형이라 그러나 이 은사는 그 범죄와 같지 아니하니 곧 한 사람의 범죄를 인하여 많은 사람이 죽었은즉 더욱 하나님의 은혜와 또한 한 사람 예수 그리스도의 은혜로 말미암은 선물은 많은 사람에게 넘쳤느니라 또 이 선물은 범죄한 한 사람으로 말미암은 것과 같지 아니하니 심판은 한 사람으로 말미암아 정죄에 이르렀으나 은사는 많은 범죄로 말미암아 의롭다 하심에 이름이니라 한 사람의 범죄로 말미암아 사망이 그 한 사람을 통하여 왕 노릇 하였은즉 더욱 은혜와 의의 선물을 넘치게 받는 자들은 한 분 예수 그리스도를 통하여 생명 안에서 왕 노릇 하리로다 그런즉 한 범죄로 많은 사람이 정죄에 이른 것 같이 한 의로운 행위로 말미암아 많은 사람이 의롭다 하심을 받아 생명에 이르렀느니라 한 사람이 순종하지 아니함으로 많은 사람이 죄인 된 것 같이 한 사람이 순종하심으로 많은 사람이 의인이 되리라"(롬 5:12-19). 아담의 범죄로 모든 사람이 정죄에 이른 것 같이, 그리스도의 순종으로 많은 사람이 의롭다 하심에 이른다. 이 점에서 아담은 "오실 자의 모형"(14절)이다.

또 아담이 죽음에서 모든 사람의 머리인 것 같이, 그리스도는 부활에서 우리의 머리시다. "사망이 한 사람으로 말미암았으니 죽은 자의 부활도 한 사람으로 말미암는도다 아담 안에서 모든 사람이 죽은 것 같이 그리스도 안에서 모든 사람이 삶을 얻으리라 … 기록된 바 첫 사람 아담은 생령이 되었다 함과 같이 마지막 아담은 살려 주는 영이 되었나니 그러나 먼저는 신령한 사람이 아니요 육의 사람이요 그 다음에 신령한 사람이니라 첫 사람은 땅에서 났으니 흙에 속한 자이거니와 둘째 사람은 하늘에서 나셨느니라 무릇 흙에 속한 자들은 저 흙에 속한 자와 같고 무릇 하늘에 속한 자들은 저 하늘에 속한 이와 같으니 우리가 흙에 속한 자의 형상을 입은 것 같이 또한 하늘에 속한 이의 형상을 입으리라"(고전 15:21-22, 45-49). 따라서 바울은 그리스도를 "마지막 아담"(45절)으로 묘사한다.

그런데 그리스도는 새 언약의 머리시다. "이것은 죄 사함을 얻게 하려고 많은 사람을 위하여 흘리는 바 나의 피 곧 언약의 피니라"(마 26:28). "이로 말미암아 그는 새 언약의 중보자시니 이는 첫 언약 때에 범한 죄에서 속량하려고 죽으사 부르심을 입은 자로 하여금 영원한 기업의 약속을 얻게 하려 하심이라"(히 9:15). "하늘에 기록된 장자들의 모임과 교회와 만민의 심판자이신 하나님과 및 온전하게 된 의인의 영들과 새 언약의 중보자이신 예수 및 아벨의 피보다 더 나은 것을 말하는 뿌린 피니라"(히 12:23-24). 그렇다면 아담이 언약의 머리됨이 없이 마지막 아담이신 그리스도가 새 언약의 머리됨은 성립하기 어렵다.

그러므로 언약은 창세기 1-3장에서 시작된다고 보아야 한다. 우리는 이 언약을 가리켜 '창조 언약' 또는 '생명(에덴, 자연) 언약'이라고 부른다. 그렇지만 여기에는 구분이 필요하다. 창세기 1-2장은 타락 이전의 언약을 말하고, 창세기 3장은 타락 이후의 언약을 말하기 때문이다. 개혁주의 전통에서는 타락 이전의 언약을 주로 '행위 언약'이라고 부른다.

행위 언약

'행위 언약'은 하나님께서 인류의 대표자요 머리인 아담과 맺은 언약이다. 하나님은 아담을 생명나무와 선악을 알게 하는 나무가 있는 에덴동산에 두시고 이렇게 말씀하셨다. "동산 각종 나무의 열매는 네가 임의로 먹되 선악을 알게 하는 나무의 열매는 먹지 말라 네가 먹는 날에는 반드시 죽으리라"(창 2:16-17). 하나님은 아담의 순종을 조건으로 아담과 그의 후손에게 생명을 약속하신 것이다.

이와 관련하여 두 가지 점을 기억할 필요가 있다. 첫째, "선악을 알게 하는 나무의 열매는 먹지 말라"는 금지 명령은 단순한 시험이 아니다. '선악을 아는' 것은 '하나님과 같이 되는' 것이다. "너희가 그것을 먹는 날에는 너희 눈이 밝아져 하나님과 같이 되어 선악을 알 줄 하나님이 아심이니라"(창 3:5). 따라서 이 금지 명령은 하나님께만 해당하는 절대적인 도덕적 자율성에 대한 시험이다. 아담은 이 명령을 거역함으로써 하나님의 절대적인 도덕적 자율성에 도전한 것이다. 행위 언약 안에서 모든 사람이 그렇다.

둘째, 행위 언약에는 이 금지 명령만 있는 것이 아니다. 행위 언약에는 우리가 통치(문화) 명령이라고 부르는 것도 있다. "생육하고 번성하여 땅에 충만하라, 땅을 정복하라, 바다의 물고기와 하늘의 새와 땅에 움직이는 모든 생물을 다스리라"(창 1:28). 인간은 행위 언약에 의해 금지 명령에 대한 도덕적 영적 책임뿐 아니라, 문화 명령에 대한 일반적 책임도 갖는다. 이러한 일반적 책임에는 결혼, 노동, 안식이 포함된다. 여기서 우리는 팔머 로벗슨(O. Palmer Robertson)의 지적을 기억할 필요가 있다.

● 선악과에 관한 구체적인 시험에 절대적인 중심을 두었기 때문에, 하나님의 형상으로 창조된 인간의 보다 넓은 책임은 자주 무시되어 왔다. 이 좁은 관점은 하나님의 구속 의미를 고찰하는 데까지 연장되어 그 결과 인간 구원에 대한 교회의 개념에 큰 결핍을 가져왔다. 창조의 계약을 너무 좁게 생각함으로써

기독교회는 모든 세계관과 인생관에 결핍을 가져다주었다. 그리스도의 경우처럼 왕국 중심이 아니라 절대적으로 교회 중심이 되어버렸다.[09]

이 행위 언약에 대해 웨스트민스터 신앙고백 7장 2항은 이렇게 말한다.

● 인간과 맺은 첫 번째 언약은 행위 언약이었는데, 그 언약에서 완전하고 개인적인 순종을 조건으로 아담에게, 그리고 그 안에서 그의 후손에게 생명이 약속되었다.

또 웨스트민스터 신앙고백 19장 1항은 이렇게 말한다.

● 하나님은 아담에게 한 율법을 행위 언약으로 주셨는데, 그 언약에 의해 하나님은 아담과 그의 모든 후손들에게 개인적이고, 완전하고, 정확하고, 영속적인 순종의 의무가 있게 하셨고, 그 율법을 성취하는 것에는 생명을 약속하셨고, 그것을 어기는 것에는 죽음으로 위협하셨으며, 그에게 그것을 지킬 힘과 능력을 부

---

09 O. Palmer Robertson, *The Christ of the Covenants*. 『계약신학과 그리스도』, 김의원 역 (서울: 기독교문서선교회, 1999), pp.73-74.

여하셨다.

물론 이것은 타락 이전의 상태를 두고 말한 것이다. 그런데 아담의 불순종으로 온 인류는 죄와 사망의 상태에 처하게 되었다. 또 이 타락으로 온 인류는 언약의 조건을 충족시키기에는 전적으로 무능하게 되었다. 이것은 인류가 경험하는 죄의 보편성의 문제를 이해할 수 있게 해준다. 그리고 왜 그리스도의 능동적 순종(율법 준수의 순종)이 요구되는지를 보여준다.

행위 언약에 대해 이런 반론들이 있다. 우선 행위 언약이라는 말이나 그에 대한 체계적인 설명이 성경에 나오지 않는다는 주장이다. 그렇지만 삼위일체라는 말이나 그에 대한 체계적인 설명도 성경에 나오지 않는다는 점에서 이 주장은 성립될 수 없다. 또 행위 언약이라는 말은 행위가 하나님의 축복을 받는 공로가 된다는 오해를 일으킬 수 있다는 주장이다. 그렇지만 행위 언약은 하나님이 은혜로운 생명의 선물을 주심에 있어서, 인간의 순종이 그 언약에서 요구된 조건이었다는 사실을 보여줄 뿐이다. 하나님은 인간의 순종 때문에(공로) 그에게 생명을 주신 게 아니라, 인간의 순종을 통해서(방편) 그에게 생명의 선물을 주신 것이다.

아담 언약

──

창세기 3장에서 타락 이후의 언약은 하나님이 뱀과 여자와 아담에게 하신 말씀에서 나타난다(창 3:14-19). 이 가운데 특히 주목할 것은 여자의 후손에 대한 약속이다. "내가 너로 여자와 원수가 되게 하고 네 후손도 여자의 후손과 원수가 되게 하리니 여자의 후손은 네 머리를 상하게 할 것이요 너는 그의 발꿈치를 상하게 할 것이니라"(창 3:15). 이것은 은혜 언약의 시작을 보여주며 대개 언약의 대표자를 따라 '아담 언약'이라고 부른다. 이에 대해 웨스트민스터 신앙고백 7장 3항은 이렇게 말한다.

● 인간은 그의 타락으로 행위 언약에 의해 생명을 얻을 수 없게 되었기에, 주께서 일반적으로 은혜 언약이라고 부르는 두 번째 언약 맺기를 기뻐하셨다.

그래서 이제는 죄인들이 이 은혜 언약에 따라 마지막 아담이신 그리스도를 통해 생명과 구원을 얻게 되었다. 우리는 그 예를 이 은혜 언약의 수립 이후 등장하는 아벨, 에녹, 노아 등에게서 발견한다. 이처럼 성경은 타락 이전의 '행위 언약'과 타락 이후의 '은혜 언약'을 구별하는 이중 언약주의를 보여준다.

핵심 질문

1 창세기 1-3장의 내용을 창조 언약으로 보는 근거는 무엇입니까?

2 창세기 1-2장에 나타난 행위 언약은 무엇입니까?

3 행위 언약에서 하나님이 주신 두 가지 명령은 무엇입니까?

4 창세기 3장에 나타난 아담 언약은 무엇입니까?

11

언약과 안식일

⦁ 하나님이 그가 하시던 일을 일곱째 날에 마치시니 그가 하시던 모든 일을 그치고 일곱째 날에 안식하시니라 하나님이 그 일곱째 날을 복되게 하사 거룩하게 하셨으니 이는 하나님이 그 창조하시며 만드시던 모든 일을 마치시고 그 날에 안식하셨음이니라 _ 창 2:2-3

⦁ 안식일을 기억하여 거룩하게 지키라 엿새 동안은 힘써 네 모든 일을 행할 것이나 일곱째 날은 네 하나님 여호와의 안식일인즉 너나 네 아들이나 네 딸이나 네 남종이나 네 여종이나 네 가축이나 네 문안에 머무는 객이라도 아무 일도 하지 말라 이는 엿새 동안에 나 여호와가 하늘과 땅과 바다와 그 가운데 모든 것을 만들고 일곱째 날에 쉬었음이라 그러므로 나 여호와가 안식일을

복되게 하여 그 날을 거룩하게 하였느니라 _ 출 20:8-11

먼저 안식일에 대한 어느 신학교 교수의 설명을 들어보자.

● 예수님을 만나고 구원의 안식에 거하면 안식일 율법을 지키는 것이 된다. 구약의 율법보다 높은 차원에서, 그리스도인에게는 매일이 안식일이다.

● 안식일 율법은 그리스도의 참되고 영원한 안식에 대한 그림자였을 뿐이다. 안식일 율법은 그리스도의 복음으로 성취되고 완성되었기에 구원의 안식을 누리면 안식일을 온전히 지키게 된다.

여기서 '구원의 안식'은 매일 누리는 것이다. 이 점에서 주일은 다른 날과 다를 게 없고, 주일 예배도 다른 날의 예배와 다를 게 없다. 그렇다면 주일을 안식일처럼 지킬 이유가 없다는 결론이 나온다.

안식일의 근거와 의미

이 주장에 대해 우리는 두 가지 점에서 문제를 제기할 수 있다. 하나는 안식일의 근거를 '안식일 율법', 즉 십계명의 제4계명에 둔 점이다. 그러나 성경은 안식일의 근거를 율법 이전 창조에 둔다. 그래서 출애굽기 20장 8절에서 "안식일을 기억하여 거룩하게 지키라"는 계명을 주실 때, 하나님은 그 근거를 창조에 두고 말씀하셨다. "일곱째 날은 네 하나님 여호와의 안식일인즉 … 이는 엿새 동안에 나 여호와가 하늘과 땅과 바다와 그 가운데 모든 것을 만들고 일곱째 날에 쉬었음이라 그러므로 나 여호와가 안식일을 복되게 하여 그 날을 거룩하게 하였느니라"(출 20:10, 11). 이것은 창세기 2장 2-3절에서 창조 시의 안식을 말할 때 나온 내용이다. 안식일의 뿌리는 십계명에 있는 게 아니라 창조에 있다.

또 하나의 문제는 안식일의 의미를 '구원의 안식'으로 국한한 점이다. 그러나 성경은 안식일의 의미를 '구원의 안식'으로 국한하지 않는다. 성경이 창조 시의 안식을 말할 때, 안식일의 의미는 이 말씀에 나타난다. "하나님이 그 일곱째 날을 복되게 하사 거룩하게 하셨으니"(창 2:3). 그리고 십계명의 제4계명도 같은 사실을 언급한다. "안식일을 기억하여 거룩하게 지키라 … 나 여호와가 안식일을 복되게 하여 그 날을 거룩하게 하였느니라"(출 20:8, 11). 그러면 하나님께서 "복되게 하사 거룩하게 하신" 안식일의 의미는 무엇일까?

우선 주목할 것은, 하나님께서 안식일을 "복되게 하사 거룩하게 하신" 것이 하나님의 안식을 반영한 것이라는 점이다. "하나님이 그가 하시던 일을 일곱째 날에 마치시니 그가 하시던 모든 일을 그치고 일곱째 날에 안식하시니라 하나님이 그 일곱째 날을 복되게 하사 거룩하게 하셨으니 이는 하나님이 그 창조하시며 만드시던 모든 일을 마치시고 그 날에 안식하셨음이니라"(창 2:2-3). "안식일을 기억하여 거룩하게 지키라 엿새 동안은 힘써 네 모든 일을 행할 것이나 일곱째 날은 네 하나님 여호와의 안식일인즉 너나 네 아들이나 네 딸이나 네 남종이나 네 여종이나 네 가축이나 네 문 안에 머무는 객이라도 아무 일도 하지 말라 이는 엿새 동안에 나 여호와가 하늘과 땅과 바다와 그 가운데 모든 것을 만들고 일곱째 날에 쉬었음이라 그러므로 나 여호와가 안식일을 복되게 하여 그 날을 거룩하게 하였느니라"(출 20:8-11). 이것은 하나님께서 안식일을 "복되게 하사 거룩하게 하신" 것이 피조물, 특히 사람을 위한 것임을 암시한다. 그래서 예수님은 "안식일이 사람을 위하여 있는 것이요"(막 2:27)라고 말씀하신 것이다.

그러면 하나님이 "복되게 하사 거룩하게 하신" 안식일의 의미는 무엇일까? 그 의미는 '구원의 안식'일까? 주목할 것은, 하나님께서 안식일을 "복되게 하사 거룩하게 하신" 것이 타락 이전이라는 점이다. 이때는 아직 구원의 필요성이 대두되기 전이다. 따라서 하나님께서 "복되게 하사 거룩하게 하신" 안식일의 의미는 '구원의 안식'이 아니다. 그 의미는 하나님이 창조의 일을 마치고 안식하신 것처럼, 아담의 노동 역시 안식으로 끝난다는 것이다. 타락 이전 아담에게 안식일은 구원의 안식이 아니라 종말의 안식을 의미한다. 아담은 엿새 동안 일하고 제칠일에 안식함으로써 영원한 안식에 대한 소망을 붙들어야 했다. 이것이 행위 언약에 포함된 내용이다.

성경에서 이러한 종말의 안식을 잘 보여주는 곳이 히브리서 4장이다. 여기서 히브리서 기자는 '하나님의 안식에 들어가는 것'에 대해 말한다. 이때 하나님의 안식은 창세기 2장 2절에서 말한 것이다. "세상을 창조할 때부터 그 일이 이루어졌느니라 제칠일에 관하여는 어딘가에 이렇게 일렀으되 하나님은 제칠일에 그의 모든 일을 쉬셨다 하였으며"(히 4:3-4). 이와 함께 이 안식에 들어가는 것은 종말의 안식을 의미한다. "그의 안식에 들어갈 약속이 남아 있을지라도 … 그러면 거기에 들어갈 자들이 남아 있거니와 … 그런즉 안식할 때가 하나님의 백성에게 남아 있도다 … 그러므로 우리가 저 안식에 들어가기를 힘쓸지니"(히 4:1, 6, 9, 11). 히브리서 기자는 이미 성취된 구원의 안식이 아니라 앞으로 성취될 종말의 안식에 대해 말한 것이다. 여기서 히브리서 기자가 강조하는 요점은 이것이다. 구약의 이스라엘은 믿지 않고 순종하지 않음으로 이 안식에 들어가지 못했다. 우리가 이 안식에 들어가려면 믿고 순종해야 한다. 안식일은 이러한 창조의 목적, 즉 종말의 안식을 기억하게 하려는 장치다. 그러므로 안식일은 구원의 안식 이전에 종말의 안식을 의미한다.

물론 안식일의 의미에는 구원의 안식이라는 면도 포함된다. 이 사실은 신명기에 기록된 십계명의 제4계명에서 잘 나타난다. "네 하나님 여호와가 네게 명령한 대로 안식일을 지켜 거룩하게 하라 엿새 동안은 힘써 네 모든 일을 행할 것이나 일곱째 날은 네 하나님 여호와의 안식일인즉 너나 네 아들이나 네 딸이나 네 남종이나 네 여종이나 네 소나 네 나귀나 네 모든 가축이나 네 문 안에 유하는 객이라도 아무 일도 하지 못하게 하고 네 남종이나 네 여종에게 너 같이 안식하게 할지니라 너는 기억하라 네가 애굽 땅에서 종이 되었더니 네 하나님 여호와가 강한 손과 편 팔로 거기서 너를 인도하여 내었나니 그러므로 네 하나님 여호와가 네게 명령하여 안식일을 지키라 하느니라"(신 5:12-15). 여기서 안식일을 지켜야 할 이유는 출애굽기와 다르다. 출애굽기에서 그 이유는 하나님이 창조 시에 일곱째 날을 복 주사 거룩하게 하신 데 있다. 이것은 종말의 안식으로서 다가올 구원을 가리킨다. 그에 비해 신명기에서 그 이유는 하나님께서 이스라엘을 애굽에서 구원하신 데 있다. 이것은 구원의 안식으로서 이미 성취된 구원을 가리킨다. 이처럼 안식일을 지켜야 할 이유는 창조뿐 아니라 구원에도 있다.

그런데 출애굽은 예수 그리스도에 의한 구원을 가리킨다. 바울은 "우리의 유월절 양 곧 그리스도께서 희생되셨느니라"(고전 5:7)고 말함으로써 출애굽을 상기시킨다. 예수님은 유월절 식사 중에 새 언약을 세우셨다. "이 잔은 내 피로 세우는 새 언약이니 곧 너희를 위하여 붓는 것이라"(눅 22:20). 따라서 새 언약 아래 있는 그리스도인은 종말의 안식을 기다리는 것만이 아니다. 그는 이미 성취된 구원의 안식을 누리며 맛본다. 그러기에 그리스도인은 안식일을 기다리며 6일 동안 일하던 옛 방식을 좇지 않고, 이미 주어진 구원의 안식 속에서 6일 동안 일하게 된다. 그래서 교회는 그리스도의 부활을 통해 이미 완성된 구원의 안식을 기념하여 구약의 안식일이 아닌 주일에 모이게 된 것이다.

제4계명에 대한 칼빈의 견해

여기서 우리는 안식일 계명에 대한 칼빈의 견해를 살펴볼 필요가 있다. 그에 따르면, 구약의 안식일은 영적 안식(구원의 안식)의 예표였다. 그래서 그리스도께서 오셨을 때 영적 안식은 완전한 실체가 되었고, 예표로서 안식일은 폐지되었다. 따라서 신약의 그리스도인들에게 안식일을 지킨다는 것은 영적 안식을 경험한다는 의미였다. 이러한 경험은 매일의 경건한 행실로 나타나게 된다. 그러므로 그리스도인들이 주일을 지키는 것은 이 날이 어떤 종교적인 의미를 갖기 때문이 아니다(하나님의 요구가 아니라는 뜻이다). 그들은 교회의 조화와 질서를 위해서 주일을 자유롭게, 자발적으로 지킬 뿐이다. 이것은 앞에서 인용한 신학교 교수의 입장과 사실상 같다.

이러한 칼빈의 견해에 대해, 리처드 개핀(Richard B. Gaffin)은 반론을 제기했다. 그는 칼빈이 제4계명의 핵심을 영적 안식으로 본 것에 대해 조나단 에드워즈의 논평을 소개했다.

- 만일 그것[제4계명]이 언제든지 영적인 그리스도인의 안식과 거룩한 행실을 나타내는 것으로만 유효하다면, 그것은 십계명 가운데 하나로서가 아니라 모든 계명의 요약으로서 남게 된다.[10]

---

10 Richard B. Gaffin, *Calvin and the Sabbath* (Ross-shire: Christian Focus, 1998), 145 에서 재인용.

그러면서 개편은 칼빈의 오류가 어디에서 비롯되었는지 밝힌다.

● 기본적인 오류는 칼빈이 안식일 제도를 창조 규례로서 충분히 숙고하기를 실패한 것이다. 그의 견해에서 다른 결점들은 이 근본적인 결함에 기인한다 … 달리 말해서, 안식일 제도는 구속의 범위 안에서만 의미를 갖는다. 죄와 구속(의 필요)이 필연적으로 부재하는 타락 전 안식일 제정에서 생기는 고려 사항들이 더 효과적으로 배제될 수 없었다.[11]

우선 영적 안식(구원의 안식)의 예표로서 구약의 안식일이 그리스도의 오심으로 폐지된 것은 맞다. 그래서 바울은 유대인의 안식일과 관련하여(그리스도인의 주일과 관련된 것이 아니라) 이렇게 말한 것이다. "어떤 사람은 이 날을 저 날보다 낫게 여기고 어떤 사람은 모든 날을 같게 여기나니 각각 자기 마음으로 확정할지니라"(롬 14:5). "너희가 날과 달과 절기와 해를 삼가 지키니 내가 너희를 위하여 수고한 것이 헛될까 두려워하노라"(갈 4:10-11). "그러므로 먹고 마시는 것과 절기나 초하루나 안식일을 이유로 누구든지 너희

---

11 Gaffin, *Calvin and the Sabbath*, 146.

를 비판하지 못하게 하라 이것들은 장래 일의 그림자이나 몸은 그리스도의 것이니라"(골 2:16-17).

그렇지만 종말의 안식에 대한 모형으로서 일주일마다 돌아오는 안식일은 남아 있다. 이것이 신약성경에서 그리스도인들이 주일을 안식일로 지킨 이유다. 그 사실은 다음 구절에서 확인된다. "그 주간의 첫날에 우리가 떡을 떼려 하여 모였더니 바울이 이튿날 떠나고자 하여 그들에게 강론할새 말을 밤중까지 계속하매"(행 20:7). "매주 첫날에 너희 각 사람이 수입에 따라 모아 두어서 내가 갈 때에 연보를 하지 않게 하라"(고전 16:2). "주의 날에 내가 성령에 감동되어 내 뒤에서 나는 나팔 소리 같은 큰 음성을 들으니"(계 1:10). "이 날 곧 안식 후 첫날 저녁 때에 제자들이 유대인들을 두려워하여 모인 곳의 문들을 닫았더니 예수께서 오사 가운데 서서 이르시되 너희에게 평강이 있을지어다"(요 20:19).

결론적으로 우리는 팔머 로벗슨의 지적에 귀를 기울일 필요가 있다.

● 새 계약 하에서 안식일의 '폐지'를 말한다면, 그것은 단순히 모세 십계명의 영속적 의미를 부정하는 것만이 아니다. 성경에서 나타난 창조, 역사 그리고 완성의 질서를 파괴하는 것이 되어버린다. 구원에서 안식일의 역할을 반대하기보다 새 계약에 참

여한 모든 사람은 하나님께서 안식일의 규례를 완성하신 일과 관련된 여러 가지 특권을 기뻐해야 할 것이다.[12]

여기서 말하는 "여러 가지 특권"은 하나님께서 안식일을 "복되게 하사 거룩하게 하신" 것을 가리킨다.

신자에게 여전히 유효한 제4계명

이와 함께 "모세 십계명의 영속적 의미를 부정하는 것"도 중요한 문제다. 앞에서 말한 대로, 언약의 조건성이 우리에게 주는 의미는 이런 것이다. 언약 아래 계명을 지키는 것이 신자의 삶에서 여전히 중요하다는 것이다. 그런데 계명을 지키는 것은 하나님의 인자하심을 얻기 위한 공로로서 중요한 것이 아니다. 이것은 계명을 지키는 것이 의롭다 하심을 얻기 위한 공로로서 중요한 것이 아닌 것과 같다. 계명을 지키는 것은 하나님의 인자하심을 얻게 하는 방편으로서 중요하다. 하나님은 그분의 계명을 지키는 우리에게 인자하심을 베풀기로 작정하셨다. 이때 계명(율법)은 멜란히

---

12 Robertson, *The Christ of the Covenants*, 78.

톤이 말한 대로 '율법의 세 번째 용도'(교훈적 용도)에 해당한다. 이것은 신자의 삶을 위한 규칙으로서의 율법을 말한다.

이런 점에서, 십계명의 제4계명도 예외가 아니다. 영적 안식의 예표로서 안식일 계명은 그리스도께서 영적 안식을 가져다주셨기 때문에 신자들에게 더는 유효하지 않다. 그렇지만 신자의 삶을 위한 규칙으로서 안식일 계명은 신자들에게 여전히 유효하다. 언약 아래 안식일 계명을 지키는 것은 신자의 삶에서 여전히 중요하다. 이것이 구약성경에서도 안식일 계명을 언약과 결부시켜 말하는 이유다. "이같이 이스라엘 자손이 안식일을 지켜서 그것으로 대대로 영원한 언약을 삼을 것이니 이는 나와 이스라엘 자손 사이에 영원한 표징이며 나 여호와가 엿새 동안에 천지를 창조하고 일곱째 날에 일을 마치고 쉬었음이니라 하라"(출 31:16-17). "여호와께서 이와 같이 말씀하시기를 나의 안식일을 지키며 내가 기뻐하는 일을 선택하며 나의 언약을 굳게 잡는 고자들에게는 내가 내 집에서, 내 성 안에서 아들이나 딸보다 나은 기념물과 이름을 그들에게 주며 영원한 이름을 주어 끊어지지 아니하게 할 것이며 또 여호와와 연합하여 그를 섬기며 여호와의 이름을 사랑하며 그의 종이 되며 안식일을 지켜 더럽히지 아니하며 나의 언약을 굳게 지키는 이방인마다 내가 곧 그들을 나의 성산으로 인도하여 기도하는 내 집에서 그들을 기쁘게 할 것이며 그들의 번제와 희생을 나의 제단에서 기꺼이 받게 되리니 이는 내 집은 만민이 기도하는 집이라 일컬음이 될 것임이라"(사 56:4-7).

새 언약은 안식일 계명을 전부 무효화하거나 폐지하는 것이 아니다. 새 언약은 오히려 신자의 삶을 위한 규칙으로서 안식일 계명을 지킬 수 있는 은혜를 공급한다. 이때 신자의 삶을 위한 규칙으로서 안식일 계명은 창조 규례에 근거한 것이다. 신자들은 하나님께서 만물을 지으시고 제칠일에 쉬신 것처럼, 하루를 안식하고 6일을 일해야 한다. 신자들은 주일을 안식일처럼 지켜야 한다. 이로써 신자들은 새 창조의 시작(구원의 안식 또는 영적 안식)을 기념하고, 새 창조의 완성(종말의 안식)을 기다리는 것이다.

핵심 질문

1 성경은 안식일의 근거를 어디에 둡니까?

2 성경이 말하는 안식일의 의미는 무엇입니까?

3 교회가 주일을 안식일로 지키는 것은 무슨 의미입니까?

4 십계명의 제4계명에 대한 칼빈의 견해는 무엇입니까?

5 십계명의 제4계명은 어떤 점에서 신자들에게 여전히 유효합
니까?

12

언약과 그리스도

● 그 때에 너희는 그리스도 밖에 있었고 이스라엘 나라 밖의 사람이라 약속의 언약들에 대하여는 외인이요 세상에서 소망이 없고 하나님도 없는 자이더니 이제는 전에 멀리 있던 너희가 그리스도 예수 안에서 그리스도의 피로 가까워졌느니라 … 그러므로 이제부터 너희는 외인도 아니요 나그네도 아니요 오직 성도들과 동일한 시민이요 하나님의 권속이라 _ 엡 2:12-13, 19

하나님은 사람이 타락하기 전 인류의 머리이자 대표자로서 아담과 언약을 세우셨다. 이때 하나님은 아담의 순종을 조건으로 그와 그의 후손에게 생명을 약속하셨다. 하나님이 아담을 생명나무와 선악을 알게 하는 나무가 있는 에덴동산에 두시고 이렇게 말씀하셨기 때문이다. "동산 각종 나무의 열매는 네가 임의로 먹되 선악을 알게 하는 나무의 열매는 먹지 말라 네가 먹는 날에는 반드시 죽으리라"(창 2:16-17). 이것이 창세기 1-2장에 나타난 이른바 행위 언약이다.

그러나 아담은 하나님의 명령에 불순종했다. 그 결과 온 인류는 죄와 사망의 상태에 놓이게 되었으며, 언약의 조건을 충족시키기에 전적으로 무능하게 되었다. 그리하여 하나님은 다른 언약을 세우셨는데, 이것을 은혜 언약이라고 한다. 웨스트민스터 신앙고백 7장 3항은 은혜 언약에 대해 이렇게 말한다.

● 사람은, 그의 타락에 의해 스스로 그 언약으로는 생명에 이를 수 없게 되었으므로, 주께서는 일반적으로 은혜 언약이라고 불리는 두 번째 언약 맺기를 기뻐하셨다. 그 언약에 의해 그분은 죄인들에게 예수 그리스도에 의한 생명과 구원을 값없이 베푸시며, 그들이 구원받도록 그들에게 그리스도에 대한 믿음을 요구하시고, 생명으로 작정된 모두에게 성령을 주시어 그들이 기꺼이 믿을 수 있게 하실 것을 약속하였다.

여자의 후손 예수 그리스도

은혜 언약은 하나님께서 마지막 아담이신 예수 그리스도 안에서 그의 백성과 맺으신 것이다. 하나님은 행위 언약에 의해 아담 안에서 파멸에 이른 인간을, 은혜 언약에 의해 그리스도 안에서 회복시키신다. 은혜 언약의 시작은 타락 이후 하나님이 뱀에게 하신 말씀에서 나타난다. "내가 너로 여자와 원수가 되게 하고 네 후손도 여자의 후손과 원수가 되게 하리니 여자의 후손은 네 머리를 상하게 할 것이요 너는 그의 발꿈치를 상하게 할 것이니라"(창 3:15). 여기 "후손"(제라)이라는 말은 특별하게는 하나님이 약속하신 자손을 가리킬 때 사용된다. 이 말이 이런 용도로 처음 사용된 경우는 아담이 낳은 셋이다. "아담이 다시 자기 아내와 동침하매 그가 아들을 낳아 그의 이름을 셋이라 하였으니 이는 하나님이 내게 가인이 죽인 아벨 대신에 다른 씨(제라)를 주셨다 함이며"(창 4:25).

그런 다음 성경은 셋의 족보를 보여준다. "셋은 백오 세에 에노스를 낳았고 … 노아는 오백 세 된 후에 셈과 함과 야벳을 낳았더라"(창 5:6, 32). 이 족보는 아담의 아들 셋으로 시작해서 노아의 세 아들 셈과 함과 야벳으로 끝난다.

그 뒤로 하나님이 세상을 물로 심판하신 이야기가 이어진다. 그런데 하나님은 심판하시기 전 노아와 언약을 세우셨다. "그러나 너와는 내가 내 언약을 세우리니 너는 네 아들들과 네 아내와 네 며느리들과 함께 그 방주로 들어가고 혈육 있는 모든 생물을 너는 각기 암수 한 쌍씩 방주로 이끌어들여 너와 함께 생명을 보존하게 하되"(창 6:18-19). 이른바 노아 언약은 심판 중에 노아와 그 일곱 식구를 보존하기 위한 것이었다(벧전 2:5). 그 결과 성경은 홍수 심판 후에 노아의 세 아들에게서 사람이 온 땅에 퍼진 것을 말한다. 그러면서 이번에는 셈의 족보를 보여준다. "셈의 족보는 이러하니라 셈은 백 세 곧 홍수 후 이 년에 아르박삿을 낳았고 … 데라는 칠십 세에 아브람과 나홀과 하란을 낳았더라"(창 11:10, 26). 이 족보는 노아의 아들 셈으로 시작해서 데라의 세 아들 아브람과 나홀과 하란으로 끝난다.

여기서 아브라함이 등장한다. 이와 함께 하나님이 약속하신 자손을 가리키는 말이 다시 나타난다. "여호와께서 아브람에게 나타나 이르시되 내가 이 땅을 네 자손(제라)에게 주리라 하신지라"(창 12:7). 이 약속에서 자손은 땅과 관련되어 있다. 그 후에 하나님은 이 약속에 대해 아브라함과 언약을 세우셨다. "그 날에 여호와께서 아브람과 더불어 언약을 세워 이르시되 내가 이 땅을 애굽 강에서부터 그 큰 강 유브라데까지 네 자손에게 주노니"(창 15:18). "보라 내 언약이 너와 함께 있으니 너는 여러 민족의 아버지가 될

지라 이제 후로는 네 이름을 아브람이라 하지 아니하고 아브라함이라 하리니 이는 내가 너를 여러 민족의 아버지가 되게 함이니라 내가 너로 심히 번성하게 하리니 내가 네게서 민족들이 나게 하며 왕들이 네게로부터 나오리라 내가 내 언약을 나와 너 및 네 대대 후손 사이에 세워서 영원한 언약을 삼고 너와 네 후손의 하나님이 되리라"(창 17:4-7).

아브라함과 세우신 이 언약의 내용은 그의 후손 이삭과 야곱에게도 동일하게 주어졌다. 하나님은 흉년 때 이삭에게 애굽으로 내려가지 말라면서 이렇게 말씀하셨다. "이 땅에 거류하면 내가 너와 함께 있어 네게 복을 주고 내가 이 모든 땅을 너와 네 자손에게 주리라 내가 네 아버지 아브라함에게 맹세한 것을 이루어 네 자손을 하늘의 별과 같이 번성하게 하며 이 모든 땅을 네 자손에게 주리니 네 자손으로 말미암아 천하 만민이 복을 받으리라"(창 26:3-4). 또 하나님은 가나안 땅을 떠나 밧단아람으로 가던 야곱에게 이렇게 말씀하셨다. "또 본즉 여호와께서 그 위에 서서 이르시되 나는 여호와니 너의 조부 아브라함의 하나님이요 이삭의 하나님이라 네가 누워 있는 땅을 내가 너와 네 자손에게 주리니 네 자손이 땅의 티끌 같이 되어 네가 서쪽과 동쪽과 북쪽과 남쪽으로 퍼져나 갈지며 땅의 모든 족속이 너와 네 자손으로 말미암아 복을 받으리라"(창 28:13-14). 그리고 야곱이 밧단아람에서 돌아왔을 때 하나님은 다시 그에게 말씀하셨다. "내가 아브라함과 이삭에게 준 땅을 네게 주고 내가 네 후손에게도 그 땅을 주리라"(창 35:12).

그 후 야곱은 흉년으로 인해 요셉의 초청으로 애굽에 내려가게 된다. 이때 성경은 "야곱과 그의 자손들(제라)이 다함께 애굽으로 갔더라"(창 46:6)고 말한다. 그 명단에는 야곱의 아들 유다와 그의 아들 베레스, 베레스의 아들 헤스론이 들어 있다.

세월이 흘러 애굽으로 내려간 야곱과 그 자손은 번성하여 큰 민족을 이룬다. 그러나 요셉이 죽자 이스라엘 백성은 바로의 압제 아래 4백 년간 신음한다(창 15:13; 행 7:6). 이런 상황에서 하나님은 모세를 보내 이스라엘을 애굽에서 건져내신다. 이것은 하나님이 아브라함과 세운 언약을 기억하셨기 때문이다. "하나님이 그들의 고통 소리를 들으시고 하나님이 아브라함과 이삭과 야곱에게 세운 그의 언약을 기억하사 하나님이 이스라엘 자손을 돌보셨고 하나님이 그들을 기억하셨더라"(출 2:24-25). "내가 아브라함과 이삭과 야곱에게 전능의 하나님으로 나타났으나 나의 이름을 여호와로는 그들에게 알리지 아니하였고 가나안 땅 곧 그들이 거류하는 땅을 그들에게 주기로 그들과 언약하였더니 이제 애굽 사람이 종으로 삼은 이스라엘 자손의 신음 소리를 내가 듣고 나의 언약을 기억하노라"(출 6:3-5).

이렇게 해서 애굽에서 나온 이스라엘 백성은 시내 광야에 이르게 된다. 거기서 하나님은 그들과 언약을 세우신다. "여호와께서 모세에게 이르시되 너는 이 말들을 기록하라 내가 이 말들의 뜻대로 너와 이스라엘과 언약을 세웠음이니라 하시니라 모세가 여호와와 함께 사십 일 사십 야를 거기 있으면서 떡도 먹지 아니하였고 물도 마시지 아니하였으며 여호와께서는 언약의 말씀 곧 십계명을 그 판들에 기록하셨더라"(출 34:27-28). 그러나 이스라엘 백성은 언약을 지키지 못했고, 여호수아와 갈렙을 제외하고 광야에서 모두 죽고 만다.

그 후 새로운 세대가 일어나 마침내 하나님이 약속하신 땅으로 돌아오게 된다. 그런 다음에 우리가 주목해야 할 또 하나의 족보가 나온다. 바로 유다의 아들 베레스의 족보다. "베레스의 계보는 이러하니라 베레스는 헤스론을 낳고 헤스론은 람을 낳았고 람은 암미나답을 낳았고 암미나답은 나손을 낳았고 나손은 살몬을 낳았고 살몬은 보아스를 낳았고 보아스는 오벳을 낳았고 오벳은 이새를 낳고 이새는 다윗을 낳았더라"(룻 4:18-22). 이처럼 "여자의 후손"은 셋에서 시작해 다윗까지 이어진다.

그런데 하나님은 다윗과 언약을 세우면서 이렇게 말씀하셨다. "네 수한이 차서 네 조상들과 함께 누울 때에 내가 네 몸에서 날 네 씨(제라)를 네 뒤에 세워 그의 나라를 견고하게 하리라"(삼하 7:12). 여기에도 하나님이 약속하신 자손을 가리키는 말(제라)이

나온다. 결국 아브라함 언약과 다윗 언약에서 약속된 자손은 예수 그리스도까지 이어진다. 그래서 신약성경은 이런 말씀으로 시작된다. "아브라함과 다윗의 자손 예수 그리스도의 계보라"(마 1:1). 이 계보는 아브라함으로 시작해 다윗을 거쳐 그리스도로 이어진다. "아브라함이 이삭을 낳고 … 이새는 다윗 왕을 낳으니라 … 야곱은 마리아의 남편 요셉을 낳았으니 마리아에게서 그리스도라 칭하는 예수가 나시니라"(마 1:2, 6, 16).

분명한 사실은 이것이다. 여자의 후손은 아브라함의 자손으로 이어지며, 아브라함의 자손은 다윗의 자손으로, 그리고 마침내 예수 그리스도로 이어진다는 사실이다. 하나님은 이 예수 그리스도를 통해 자기 백성과 언약을 세우셨다. "이것은 죄 사함을 얻게 하려고 많은 사람을 위하여 흘리는 바 나의 피 곧 언약의 피니라"(마 26:28).

성취된 언약의 목적

여기서 우리는 두 가지 점에 주목해야 한다. 첫째, 하나님이 예수 그리스도를 통해 세우신 언약은 더 이상의 언약이 필요 없는 최종 언약이라는 점이다. 이것은 이전 언약의 목적이 이 최종 언약에서 그리스도를 통해 성취되었음을 의미한다. 창조 언약에서 요구된 아담의 순종은 그리스도의 순종으로 성취되었다(롬 5:12-19). 또 창조 언약에서 아담에게 약속된 생명은 그리스도의 부활로써 성취되었다(고전 15:21-22, 45-49). 그래서 그리스도는 교회에게 생명나무의 과실을 주어 먹게 하신다. "귀 있는 자는 성령이 교회들에게 하시는 말씀을 들을지어다 이기는 그에게는 내가 하나님의 낙원에 있는 생명나무의 열매를 주어 먹게 하리라"(계 2:7, 참조. 계 22:2, 14, 19).

아브라함 언약에서 주어진 모든 족속에 대한 복의 약속은 그리스도 안에서 성취되었다. 사도 베드로는 유대인들에게 이렇게 말했다. "너희는 선지자들의 자손이요 또 하나님이 너희 조상과 더불어 세우신 언약의 자손이라 아브라함에게 이르시기를 땅 위의 모든 족속이 너의 씨로 말미암아 복을 받으리라 하셨으니 하나님이 그 종을 세워 복 주시려고 너희에게 먼저 보내사 너희로 하여금 돌이켜 각각 그 악함을 버리게 하셨느니라"(행 3:25-26). 여기 "그 종"은 그리스도를 가리킨다. 또 사도 바울은 이방인들에 관하여 이렇게 말했다. "또 하나님이 이방을 믿음으로 말미암아 의로 정하실 것을 성경이 미리 알고 먼저 아브라함에게 복음을 전하되 모든 이방인이 너로 말미암아 복을 받으리라 하였느니라 그러므로 믿음으로 말미암은 자는 믿음이 있는 아브라함과 함께 복을 받느니라 … 이는 그리스도 예수 안에서 아브라함의 복이 이방인에게 미치게 하고 또 우리로 하여금 믿음으로 말미암아 성령의 약속을 받게 하려 함이라"(갈 3:8-9, 14).

특히 하나님께서 아브라함에게 주신 기업의 약속도 그리스도 안에서 성취되었다. "그러므로 상속자가 되는 그것이 은혜에 속하기 위하여 믿음으로 되나니 이는 그 약속을 그 모든 후손에게 굳게 하려 하심이라 율법에 속한 자에게 뿐만 아니라 아브라함의 믿음에 속한 자에게도 그러하니 아브라함은 우리 모든 사람의 조상이라"(롬 4;16). "이는 이방인들이 복음으로 말미암아 그리스도 예수 안에서 함께 상속자가 되고 함께 지체가 되고 함께 약속에 참여하는 자가 됨이라"(엡 3:6). "너희가 그리스도의 것이면 곧 아브라함의 자손이요 약속대로 유업을 이을 자니라"(갈 3:29).

모세 언약에서 주어진 율법의 제사 제도는 그리스도를 통해 성취되었다. 히브리서는 이 사실을 잘 보여준다. "율법은 장차 올 좋은 일의 그림자일 뿐이요 참 형상이 아니므로 해마다 늘 드리는 같은 제사로는 나아오는 자들을 언제나 온전하게 할 수 없느니라 … 오직 그리스도는 죄를 위하여 한 영원한 제사를 드리시고 하나님 우편에 앉으사 그 후에 자기 원수들을 자기 발등상이 되게 하실 때까지 기다리시나니 그가 거룩하게 된 자들을 한 번의 제사로 영원히 온전하게 하셨느니라"(히 10:1, 12-14). 이로써 그리스도는 우리를 율법의 저주에서 속량하셨다. "그리스도께서 우리를 위하여 저주를 받은 바 되사 율법의 저주에서 우리를 속량하셨으니 기록된 바 나무에 달린 자마다 저주 아래에 있는 자라 하였음이라"(갈 3:13).

또 그리스도는 율법에 완전히 순종하셨다. 그 결과 그리스도는 의를 획득하셨고, 우리는 그리스도 안에서 그 의의 전가를 통해 의롭다 하심을 얻었다. 그래서 사도 바울은 이렇게 고백했다. "내가 가진 의는 율법에서 난 것이 아니요 오직 그리스도를 믿음으로 말미암은 것이니 곧 믿음으로 하나님께로부터 난 의라"(빌 3:9, 참조. 고전 1:30; 고후 5:21). 이와 함께 우리는 이제부터 성령을 통해 율법의 요구를 이룰 수 있게 되었다. "율법이 육신으로 말미암아 연약하여 할 수 없는 그것을 하나님은 하시나니 곧 죄로 말미암아 자기 아들을 죄 있는 육신의 모양으로 보내어 육신에 죄를 정하사 육신을 따르지 않고 그 영을 따라 행하는 우리에게 율법의 요구가 이루어지게 하려 하심이니라"(롬 8:3-4).

다윗 언약에서 주어진 약속은 예수 그리스도에 의해 성취되었다. 가브리엘 천사는 마리아에게 그녀가 수태한 아들에 대해 이렇게 말했다. "그가 큰 자가 되고 지극히 높으신 이의 아들이라 일컬어질 것이요 주 하나님께서 그 조상 다윗의 왕위를 그에게 주시리니 영원히 야곱의 집을 왕으로 다스리실 것이며 그 나라가 무궁

하리라"(눅 1:32-33). 이 일은 예수의 부활을 통해 실제로 이루어졌다. 그래서 사도 베드로는 오순절에 예수님의 부활에 대해 이렇게 말했다. "그는 선지자라 하나님이 이미 맹세하사 그 자손 중에서 한 사람을 그 위에 앉게 하리라 하심을 알고 미리 본 고로 그리스도의 부활을 말하되 그가 음부에 버림이 되지 않고 그의 육신이 썩음을 당하지 아니하시리라 하더니 이 예수를 하나님이 살리신지라"(행 2:30-32). 사도 바울도 비시디아 안디옥 회당에서 예수님의 부활에 대해 이렇게 말했다. "또 하나님께서 죽은 자 가운데서 그를 일으키사 다시 썩음을 당하지 않게 하실 것을 가르쳐 이르시되 내가 다윗의 거룩하고 미쁜 은사를 너희에게 주리라 하셨으며"(행 13:34). 이것은 다윗 언약과 관련된 이사야의 예언을 인용한 것이다. "내가 너희를 위하여 영원한 언약을 맺으리니 곧 다윗에게 허락한 확실한 은혜이니라"(사 55:3). 이처럼 사도들은 예수님의 부활을 통해 다윗 언약에서 주어진 약속이 성취된 것을 보았다.

우리는 그리스도 안에서 중생을 통해 부활의 생명에 참여하며, 그분의 우주적 권세에 부분적으로 참여한다. "또 함께 일으키사 그리스도 예수 안에서 함께 하늘에 앉히시니"(엡 2:6). 이 말씀은 그리스도에 관해 앞에서 말한 다음의 내용을 염두에 둔 것이다. "그의 능력이 그리스도 안에서 역사하사 죽은 자들 가운데서 다시 살리시고 하늘에서 자기의 오른편에 앉히사 모든 통치와 권세와 능력과 주권과 이 세상뿐 아니라 오는 세상에 일컫는 모든 이름 위에 뛰어나게 하시고"(엡 1:20-21). 여기 "살리시고"(일으키시고)와 "앉히사"는 "함께 일으키사"와 "함께 앉히시니"와 연결된다.

여기서 창조 언약에서 여자의 후손에 대해 주어진 약속("여자의 후손은 네 머리를 상하게 할 것이요")이 성취된다. "큰 용이 내쫓기니 옛 뱀 곧 마귀라고도 하고 사탄이라고도 하며 온 천하를 꾀는 자라 그가 땅으로 내쫓기니 그의 사자들도 그와 함께 내쫓기니라 내가 또 들으니 하늘에 큰 음성이 있어 이르되 이제 우리 하나님의 구원과 능력과 나라와 또 그의 그리스도의 권세가 나타났으니 우리 형제들을 참소하던 자 곧 우리 하나님 앞에서 밤낮 참소하던 자가 쫓겨났고"(계 12:9-10, 참조. 히 2:14; 요일 3:8). 그리고 그 승리의 결과로서 그리스도인들의 승리에 대한 말씀이 이어진다. "또 우리 형제들이 어린 양의 피와 자기들이 증언하는 말씀으로써 그를 이겼으니 그들은 죽기까지 자기들의 생명을 아끼지 아니하였도다"(계 12:11). 그래서 바울은 로마의 그리스도인들에게 이렇게 말할 수 있었다. "평강의 하나님께서 속히 사탄을 너희 발 아래에서 상하게 하시리라"(롬 16:20).

확대된 언약의 대상

둘째, 그리스도를 통해 세우신 언약에서 주목할 것은 언약의 대상이 달라진 점이다. 이전 언약에서는 언약의 대상이 혈통에 의해 아브라함의 자손 된 이스라엘로 국한되었다. 그러나 이 최종 언약에서는 언약의 대상이 그리스도 안에 있는 자로 확대되었다. "그때에 너희는 그리스도 밖에 있었고 이스라엘 나라 밖의 사람이라 약속의 언약들에 대하여는 외인이요 세상에서 소망이 없고 하나님도 없는 자이더니 이제는 전에 멀리 있던 너희가 그리스도 예수 안에서 그리스도의 피로 가까워졌느니라 … 그러므로 이제부터 너희는 외인도 아니요 나그네도 아니요 오직 성도들과 동일한 시민이요 하나님의 권속이라"(엡 2:12-13, 19).

사도 바울은 이방인이 어떻게 아브라함의 자손이 될 수 있는지 보여준다. 그것은 믿음으로 가능하다. "그가 할례의 표를 받은 것은 무할례시에 믿음으로 된 의를 인친 것이니 이는 무할례자로서 믿는 모든 자의 조상이 되어 그들도 의로 여기심을 얻게 하려 하심이라"(롬 4:11). "그런즉 믿음으로 말미암은 자들은 아브라함의 자손인 줄 알지어다"(갈 3:7). 이들은 혈통에 의한 민족적 이스라엘이 아닌 "하나님의 이스라엘"(갈 6:16)이다. 그래서 사도 베드로도 믿는 자들이 하나님의 백성임을 말한다. "그러나 너희는 택하신 족속이요 왕 같은 제사장들이요 거룩한 나라요 그의 소유가 된 백성이니 이는 너희를 어두운 데서 불러내어 그의 기이한 빛에 들어가게 하신 이의 아름다운 덕을 선포하게 하려 하심이라 너희가 전에는 백성이 아니더니 이제는 하나님의 백성이요 전에는 긍휼을 얻지 못하였더니 이제는 긍휼을 얻은 자니라"(벧전 2:9-10).

그러므로 분명한 것은 그리스도를 믿는 우리는 하나님의 언약 백성이라는 사실이다. 결론적으로 우리는 피터 젠트리(Peter J. Gentry)와 스티븐 웰럼(Stephen J. Wellum)의 말에 주의할 필요가 있다.

● 새 언약의 신자로서 우리는 성경의 이전 언약을 우리 자신에게 그리스도에 비추어 관찰하고 적용해야 한다. 각각의 이전 언약은 그리스도를 가리켰으며 그리스도는 그 언약의 모든 국면을 완전히 성취하신다.[13]

---

13 Peter J. Gentry and Stephen J. Wellum, *Kingdom through Covenant: A Biblical-Theological Understanding of the Covenants* (Wheaton, IL: Crossway, 2012), 605.

핵심 질문

1 성경은 예수 그리스도가 여자의 후손임을 어떻게 보여줍니까?

2 언약의 목적이 어떻게 그리스도를 통해 성취되었는지 말해 보십시오.

3 그리스도를 통해 세우신 언약에서 언약의 대상은 어떻게 달라졌습니까?

나가는 글

언약은 성경을 이해하는 틀을 제공한다는 점에서 해석학적으로 중요하다. 그렇지만 이보다도 언약은 하나님과 관계를 맺고 살아가는 법을 가르쳐준다는 점에서 실제적으로 더 중요하다. 이것은 언약이 신자의 삶에서 율법이 작동하는 근거를 제공하기 때문이다. 언약은 신자가 율법주의나 율법폐기론에 빠지지 않고, 율법을 삶의 규칙으로 사용할 수 있는 길을 보여준다. 이런 점에서 언약은 신자에게 성화를 촉진시키고, 그 열매로써 하나님의 복을 경험하게 한다.

언약을 이해하려고 할 때 중요한 것은 언약을 구성하는 실제 요소가 무엇인지 아는 일이다. 성경이 보여주는 언약의 요소는 명확하다. 그것은 사람 편에서 계명을 지키는 것과 하나님 편에서 인자하심을 베푸시는 것이다. 여기서 계명은 명령, 규례, 법도, 증거, 율례, 율법, 말씀 등과 사실상 같은 것이다. 또 인자하심은 히브리어 헤세드로서 언약적 사랑을 가리키며, 인애, 은혜, 긍휼, 자비, 은총, 사랑 등으로도 번역된다. 이 두 요소는 언약 안에서 하나로 묶여 있다. 하나님의 뜻은 그분의 계명을 지키는 자가 그분의 인자하심을 누리는 것이다. 이것이 언약을 지키는 자가 누리는 복이다. 따라서 구원받은 신자에게 요구되는 것은 분명하다. 언약대로 살라는 것이다.

핵심 질문 해답

01 **언약의 요소: 계명을 지키다**

1 창조 이전: 구속 언약/ 타락 이전: 행위 언약/ 타락 이후: 은혜 언약

2 아담, 노아, 아브라함, 모세, 다윗, 그리스도

3 하나님과 의미 있는 교제를 가능하게 하기 때문

4 인간 편에서 계명을 지키는 것과 하나님 편에서 인자하심을 베 푸시는 것

5 계명(명령, 규례, 법도, 증거, 율례, 율법, 말씀)을 지키는 것

02 **언약의 요소: 인자하심을 베푸시다**

1 인자하심(인애, 은혜, 은총, 긍휼, 자비, 사랑)을 베푸시는 것

2 언약적 사랑, 변함없는 사랑, 성실한 사랑

3 인자하심이 성실한 사랑임

4 우리가 언약을 지킬 때, 즉 우리가 하나님의 계명을 지킬 때

5 인간 편에서 계명(명령, 규례, 법도, 증거, 율례, 율법, 말씀)을 지키 는 것과 하나님 편에서 인자하심(인애, 은혜, 은총, 긍휼, 자비, 사 랑)을 베푸시는 것

03 언약의 통일성

1 사무엘하 7장의 내용이 언약임을 분명히 밝혀주는 말씀(시 89:3-4; 삼하 23:5; 대하 13:5; 렘 33:20-21)을 통해서

2 사람 편에서 계명을 지키는 요소(왕상 2:3-4; 6:12; 9:4-5; 시 132:11-12)와 하나님 편에서 인자하심을 베푸시는 요소(삼하 7:15; 22:51; 왕상 3:6; 8:23-24; 사 55:3)

3 마음의 할례로서 율법(계명)을 지키는 것

4 사람 편에서 계명을 지키는 요소(창 26:5)와 하나님 편에서 인자하심을 베푸시는 요소(창 19:19, 29; 24:27; 미 7:20)

04 언약의 조건성

1 공로가 아닌 방편

2 하나님의 인자하심을 얻는 방편이 되기 때문

3 신자의 삶을 위한 규칙

4 아브라함 언약의 무조건성(창 15:17; 레 26:42-44; 왕하 13:22-23; 미 7:18-20; 대상 16:15-18), 다윗 언약의 무조건성(삼하 7:14-16; 시 89:33-37; 대하 21:6-7; 왕상 11:32-36; 15:3-4; 렘 33:20-21)

5 모세 언약은 원래 목적상 지속되지 않을 것이기 때문

05 언약과 경외

1 신자가 하나님께 갖는 두려움, 자신이 받을 형벌에 대한 두려움
이 아니라 하나님의 진노에 대한 두려움, 하나님에 대한 무지에
서 오는 두려움이 아니라 하나님을 아는 데서 오는 두려움, 종의
비굴하고 강요된 두려움이 아니라 아들의 자발적인 두려움이
며, 악을 미워하고 하나님의 계명을 기뻐하는 것으로 나타남

2 하나님을 경외함으로써

3 요셉, 히브리 산파들, 오바댜, 여호사밧, 느헤미야, 욥

4 하나님을 경외함으로써

5 신명기

06 선하심과 인자하심

1 하나님께 찬송하거나 감사하는 경우

2 하나님의 언약 안에 있는 성도들

3 선하심은 언약적 사랑인 인자하심이 성도들에게 나타난 것

4 하나님의 인자하심이 드러난 것

5 하나님의 인자하심이 선하시기 때문

07 언약과 감사

1 하나님의 인자하심 때문

2 하나님의 언약적 사랑인 인자하심에 대한 반응이 감사이기 때문

3 우리가 모든 죄악에서 속량함을 얻고, 죄 사함을 받고, 기도의 응답을 받고, 삶의 기초가 흔들리는 상황에서 시험에 들지 않고, 환난 가운데 보호받고, 하나님을 안전한 피난처로 삼을 수 있고, 악인에게서 보호받고, 사람의 비방에서 구원받고, 이 땅에서 하나님의 보호를 경험하고, 죽을병에서 고침을 받는 것 등

4 예수로 말미암아 항상 하나님께 드리는 "찬송의 제사"(히 13:15)

08 언약 갱신

1 사람 편에서 계명을 지키지 못함으로써

2 모세에 의한 언약 갱신(신 29:1), 여호수아에 의한 언약 갱신(수 24:25), 유다 왕 아사에 의한 언약 갱신(대하 15:12), 제사장 여호야다에 의한 언약 갱신(왕하 11:17; 대하 23:16), 히스기야 왕에 의한 언약 갱신(대하 29:10), 요시야 왕에 의한 언약 갱신(대하 34:31-32; 왕하 23:3), 에스라에 의한 언약 갱신(스 10:2-5), 느헤미야에 의한 언약 갱신(느 9:37-38)

3 모세 언약

4 하나님의 계명을 지키는 것(하나님께 순종하는 것)

5 율법의 용도 중 하나는 은혜에 대한 반응으로서 그리스도인의 삶에 대한 지침을 주는 것이기 때문

09 새 언약

1 이스라엘로 예표된 교회

2 율법을 돌판이 아닌 마음에 기록함(율법이 외형적인 규정이 아닌 삶의 내적인 원리로서 주어짐, 즉 율법과 함께 그것을 지킬 힘이 주어짐)

3 새 언약의 구성원이 되는 것은 출생과 할례에 의한 것이 아니라 성령이 보편적으로 주어짐에 따른 거듭남과 믿음에 의한 것임. 따라서 새 언약의 구성원이 모두 하나님을 앎

4 완전한 죄 사함이 이루어짐

5 그리스도의 피(제사)는 짐승의 피(제사)와 달리 양심을 온전케 할 수 있음

10 창조 언약

1 다윗 언약에도 언약이라는 말이 나오지 않지만 성경의 다른 곳에서 언약임이 확인됨. 홍수 후에 세워진 노아 언약은 여러 면에서 첫 창조와 유사하므로 첫 창조 역시 아담 언약이라고 보는 것이 합당함. 아담이 언약의 머리됨이 없이 마지막 아담이신 그리스도가 새 언약의 머리됨은 성립하기 어려움

2 하나님께서 인류의 대표자요 머리인 아담과 맺은 것으로서 순종을 조건으로 아담과 그의 후손에게 생명을 약속하신 것

3 통치(문화) 명령(창 1:28)과 금지 명령(창 2:16-17)

4 타락 이후에 주어진 은혜 언약의 시작으로서 여자의 후손에 대
   해 약속하신 것

11 **언약과 안식일**

1 십계명의 제4계명이 아닌 창조

2 종말의 안식과 구원의 안식

3 구원의 안식이 그리스도의 부활을 통해 이미 성취된 것을 기념
   하며, 종말의 안식을 기다림

4 안식일을 영적 안식의 예표로만 보았을 뿐, 창조 규례로서 종말
   의 안식에 대한 모형이라는 점을 숙고하지 못함

5 신자의 삶을 위한 규칙(하나님께서 만물을 만드시고 제칠일에 쉬신
   것처럼 하루를 안식하고 6일을 일함으로써 이미 성취된 영적 안식을
   기념하고, 종말의 안식을 기다림)이라는 점

12 **언약과 그리스도**

1 하나님이 약속하신 자손을 가리키는 말 '제라'(후손, 자손, 씨)
   를 통해서: "여자의 후손(제라)"(창 3:15)-"다른 씨(제라)"셋(창
   4:25)-셋의 족보(셋 … 셈과 함과 야벳)-셈의 족보(셈 … 아브람과
   나홀과 하란)-아브람 "네 자손(제라)"(창 12:7)-이삭 "네 자손(제
   라)"(창 26:3-4)-야곱 "네 자손(제라)"(창 28:13-14; 35:12)-애굽

으로 내려간 "야곱과 그의 자손들(제라)"(창 46:6, 베레스 포함)-
베레스 족보(베레스 … 다윗)-다윗 "네 몸에서 날 네 씨(제라)"(삼
하 7:12)-아브라함과 다윗의 자손 예수 그리스도의 족보(아브라
함 … 다윗 … 그리스도)

2 창조 언약에서 요구된 아담의 순종(롬 5:12-19), 창조 언약에
   서 아담에게 약속된 생명(고전 15:21-22, 45-49), 아브라함 언약
   에서 주어진 모든 족속에 대한 복의 약속(행 3:25-26; 갈 3:8-9,
   14), 아브라함 언약에서 주어진 기업의 약속(롬 4;16; 엡 3:6; 갈
   3:29), 모세 언약에서 주어진 율법의 제사 제도(히 10:1, 12-14),
   모세 언약에서 주어진 율법의 저주(갈 3:13), 율법에 대한 완전
   한 순종(빌 3:9; 고전 1:30; 고후 5:21), 율법의 요구가 이루어지게
   함(롬 8:3-4), 다윗 언약에서 주어진 약속(눅 1:32-33; 행 2:30-
   32; 13:34; 엡 2:6; 계 12:9-10; 히 2:14; 요일 3:8; 롬 16:20)

3 혈통에 의해 아브라함의 자손 된 이스라엘에서 믿음에 의해 아
   브라함의 자손 된 그리스도 안에 있는 자로 확대됨

"또 잔을 가지사 감사 기도 하시고
그들에게 주시며 이르시되 너희가 다 이것을 마시라
이것은 죄 사함을 얻게 하려고 많은 사람을 위하여 흘리는 바
나의 피 곧 언약의 피니라"

_마 26:27-28

성도가 꼭 알아야 할 언약

초판 1쇄 발행 2022년 8월 10일

지은이   도지원

펴낸이   곽성종
기획편집   방재경
디자인   투에스북디자인

펴낸곳   (주)아가페출판사
등록   제21-754호(1995. 4. 12)
주소   (06698) 서울시 서초구 효령로8길 5 (방배동)
전화   584-4835(본사) 522-5148(편집부)
팩스   586-3078(본사) 586-3088(편집부)
홈페이지   www.agape25.com
판권   ⓒ 도지원 2022
ISBN   978-89-537-9661-4 (03230)

아가페 출판사